Haunfelder

Münster –
Kleine Stadtgeschichte

[redacted]

Bernd Haunfelder

Münster

Kleine Stadtgeschichte

Aschendorff Verlag

[redacted]

Umschlag vorne: Blick auf den Prinzipalmarkt vom Lambertikirchplatz,
aus: Chromolithographien von Hüffer, Schütte & Comp., Lithogr. u. typogr.
Kunstdruckerei, Johannisstr. 5 in Münster [Privatbesitz].
Umschlag hinten: Wappentafel der münsterschen Gilden, farbige
Pinselzeichnung von Everhard Alerdinck, Anfang 17. Jahrhundert, nach einer
Vorlage von 1598
[Stadtarchiv Münster].

Frontispiz
Das Wiedererstehen der drei Kirchen mutet angesichts der Zerstörung wie ein Wunder an. 1955 war die Lambertikirche endgültig fertig und im Jahr danach der Dom. Die Überwasserkirche konnte bereits 1949 eingeweiht werden [Stadtarchiv Münster].

www.aschendorff-buchverlag.de

Printed in Germany
ISBN 978-3-402-13185-5

Inhalt

Vorwort 7

Im Zeichen der Christianisierung:
Liudger gründet Münster 9

Macht und Kontinuität:
Bischöfe gestalten Münster 17

Von der Domburg zur Kaufmannssiedlung:
Münsters Stadtbild entsteht 21

Handels- und Hansestadt:
Wohlstand stärkt Münsters Ansehen 27

Abwendung vom alten Glauben:
Die Täufer beherrschen Münster 34

Rückkehr zur alten Ordnung:
Münster bleibt katholisch 45

Ende des Dreißigjährigen Kriegs:
Münster schreibt europäische Geschichte 50

Geltungsverlust im Absolutismus:
Münster beugt sich den Landesherren 56

Beginn des preußischen Zeitalters:
Münster wird Mittelpunkt Westfalens 68

Aufbruch im Kaiserreich:
Münster entwickelt sich zur Großstadt 87

Die ungeliebte Republik von Weimar:
Probleme belasten Münster 108

Auf dem Weg in die Katastrophe:
Das alte Münster versinkt in Trümmern 124

Unglaublicher Wiederbeginn:
Ein neues Münster entsteht 148

Großstadt mit Potenzial:
Münster liegt weit vorne. 177

Bildnachweis 207

Vorwort

Städte, deren Namen sich von einer religiösen Gründung herleiten, gibt es viele. Münster ist auch eine davon und in Deutschland sicher die bekannteste. Am Ende des 8. Jahrhunderts errichtete der friesische Mönch Liudger auf dem Horsteberg, dem heutigen Standort des Doms, ein Missionskloster, ein „monasterium". Auf die „Grundsteinlegung" von 793 führt auch die Stadt ihre Anfänge zurück.

Als kirchliches Zentrum nahm die Ansiedlung von Beginn an eine herausragende Rolle im politischen Gefüge des Reichs ein. Das Wort der Bischöfe galt etwas. Kaiser und Könige machten hier ihre Aufwartung. Geistlicher und weltlicher Geschichtsverlauf gingen lange Zeit Hand in Hand. Die eigentliche Ortsentwicklung vor den Toren der Domburg setzte zwar erst im 10. Jahrhundert mit der festen Niederlassung der Kaufleute ein, aber der Aufstieg zur wichtigsten Stadt Westfalens war danach vorgezeichnet. Früh wurde dort überregionale und später europäische Geschichte geschrieben. Das können selbst viele deutsche Metropolen nicht von sich sagen.

Großbrände und Seuchen, Belagerungen und Hungersnöte, Unterdrückung und Zerstörung haben nur vorübergehend für Einschnitte gesorgt. Immer wieder kämpften sich die Einwohner zurück, und immer wieder sicherten sie ihrer Stadt neuen Rang und neues Ansehen. Münster war Kapitale des flächenmäßig größten deutschen Bistums und politisches Machtzentrum im Nordwesten des Reichs, bedeutende Hansestadt und Verhandlungsort zur Beendigung des Dreißigjährigen Kriegs, Mittelpunkt der industriereichen preußischen Provinz Westfalen, und es ist in der Gegenwart Universitäts-, Dienstleistungs- und Industriestandort von Rang.

Die über 1200-jährige Kontinuität seit Liudgers Zeiten mutet dabei nicht einmal erstaunlich an. Sie hatte stets viel mit einem generationenübergreifenden Bürgerstolz sowie mit einem ausgeprägten Lokalpatriotismus zu tun. Der Wiederaufbau nach 1945 ist das beste Beispiel hierfür – eine bewunderungswürdige, eine einmalige Leistung nach der größten Katastrophe. Von alledem ist in dieser „Kleinen Stadtgeschichte" die Rede, aber auch von vielen Persönlichkeiten, die Münster in seiner reichen Geschichte begleitet und geprägt haben.

Für wertvolle Hinweise danke ich Claudia Holze-Thier M.A. und Dr. Bernd Thier sowie Dr. Ralf Klötzer. Dank sage ich dem Landesarchiv NRW, Abteilung Westfalen, dem Stadtarchiv sowie dem Stadtmuseum Münster und nicht zuletzt Inge Brors.

Bernd Haunfelder
Münster, im Februar 2016

Im Zeichen der Christianisierung: **Liudger gründet Münster**

Seit sich Historiker mit der Gründungsgeschichte Münsters beschäftigten, gingen sie davon aus, dass es eine sächsische Siedlung auf dem Horsteberg, dem heutigen Standort des Doms, gegeben hatte – ein Irrtum, wie man inzwischen weiß. Den wissenschaftlichen Richtungswechsel führten Umdeutungen schon bekannter Funde sowie Bodenuntersuchungen nahe der Überwasserkirche herbei. Zum einen hatten Keramikspuren, auf die Archäologen in sogenannten Grubenhäusern gestoßen waren, nichts mit einer sächsischen Besiedlung des Domplatzes zu tun; sie waren jünger. Zum anderen förderten Grabungen 2003/04 vor dem Bau der Diözesanbibliothek am Katthagen jene Spuren zu Tage, die einst auf dem Horsteberg vermutet wurden.

Im leicht ansteigenden Bereich um die heutige Kreuz-, Hollenbecker-, Jüdefelder- und Überwasserstraße befand sich nach neuesten Forschungsergebnissen der Archäologen die Siedlung Mimigernaford.

Auf jenen Standort hatte 1882 schon der Lokalhistoriker Adolf Tibus verwiesen. Seine Ansicht geriet aber in Vergessenheit. Die Niederlassung lag demnach im leicht ansteigenden Bereich um die heutige Kreuz-, Hollenbecker-, Jüdefelder- und Überwasserstraße und zog sich später bis zum Breul und zur Bergstraße hin. Dort gab es eine Furt über das Flüsschen Aa. Städte wie Greven, Rheine, Steinfurt oder Warendorf entstanden gleichfalls an „Furten", den flachen Übergängen regionaler Straßen. Für die wirtschaftliche und politische Entwicklung der Region hatten diese von Anfang an eine große Bedeutung.

Im Falle der münsterschen Vorgeschichte handelte es sich vermutlich um eine Ansammlung kleiner Hofstellen. Weitere Grabungen 2015 an der Überwasserschule im Bereich der Jüdefelderstraße bestätigten dies. Der Name der Siedlung war allerdings lange bekannt. Er lautete Mimigernaford, was so viel wie „Furt bei den Leuten des Mimigern" bedeutet, und geht sehr wahrscheinlich auf den des früheren Besitzers oder Sippenoberhaupts zurück. Die Siedlung scheint nicht unbedeutend gewesen zu sein. Keramikfunde belegen Handelsbeziehungen mit dem nördlichen Rheinland und der Nordseeküste. In welchem Ausmaß die Bewohner Mimigernafords eventuell schon seit 772 in die Auseinandersetzungen zwischen Franken und Sachsen gerieten, und ob die Ansiedlung dabei zerstört wurde, ist nicht bekannt. In der Überlieferung der Sachsenkriege wird dazu nichts erwähnt.

Dass es dort bereits eine kleine Kirche gab, die der Gottesmutter Maria geweiht war, ist weitgehend sicher. Sie dürfte mit der Gründung einer ersten Missionsstation vielleicht um 780 entstanden sein, also rund zehn Jahre vor der Ankunft des späteren Bistumsgründers Liudger. Vor ihm hatte ein Abt Beornrad aus dem heute in Luxemburg gelegenen Kloster Echternach im westsächsischen Gebiet missioniert. Die Existenz der Kirche geht aus der Überlieferung der Lebensgeschichte Liudgers hervor. Darin heißt es, dass dieser nach seinem Tod 809 in einer Marienkirche aufgebahrt wurde. Fundamentreste ließen sich zwar bisher nicht nachweisen. Der erwähnte Adolf Tibus vermutete sie unter der heutigen Überwasserkirche. Auf dem Areal stieß man 2003/04 immerhin auf sieben dicht beieinander liegende christliche Gräber mit einer Baumsargbestattung, wie im 9. und 10. Jahrhundert üblich. Die Begräbnisstätten, die auf eine nahe Kirche schließen lassen, sind jedenfalls wesentlich älter als die erste Überwasserkirche von 1040.

Die Frühgeschichte Münsters liegt nach wie vor größtenteils im Dunkeln. Zeitgenössische oder bald nachfolgende Schriftquellen gibt es kaum. Die Bestände gingen bei den Stadtbränden 1121 und 1197 sowie während der Täuferherrschaft 1534/35 verloren. Die Zusammenhänge sind also fast nur archäologisch aufzuhellen. Dabei ist Münster insofern noch ein Sonderfall, als sich kaum sonst die Gründungsphase so sehr mit einer einzigen Person verbinden lässt wie hier. Im Gegensatz zur übrigen Überlieferung ist Liudgers Wirken durch drei Lebensbeschreibungen, sogenannte Viten, gut dokumentiert. Dies hängt fraglos mit der schon zu Lebzeiten erkannten Bedeutung seiner Person zusammen. Zu nennen ist in erster Linie die „Vita sancti Ludgeri" aus der Feder Bischof Altfrids, seines Neffen und zweiten Nachfolgers von 839 bis 849. Dieser hatte sich ausführlich mit ihm beschäftigt und die Erinnerung der noch lebenden Verwandten in seinen Text einfließen lassen. Liudger selbst war er nicht mehr begegnet. Seinen Aufzeichnungen ist der wichtige Hinweis der erwähnten Marienkirche zu entnehmen.

Der aus der Nähe Utrechts stammende Friese Liudger wurde um 742 geboren. Im dortigen Martinsstift, im angelsächsischen York und auf dem Monte Cassino in Italien, wo er nach der Regel des hl. Benedikt lebte, hatte er sich gründlich vorbereitet. 777 wurde er in Köln zum Priester geweiht. Sein Leben widmete er der Christianisierung und hielt sich, unterbrochen von sächsischen Aufständen, im friesischen Raum auf. Dorthin unternahm er selbst noch als münsterscher Klostergründer und späterer Bischof Bekehrungsreisen. Ende 792 oder Anfang 793 beauftragte Karl der Große Liudger, möglicherweise auf der Reichsversammlung in Regensburg, mit der Missionierung Westsachsens. Das Gebiet umfasste den südlichen Teil der

793 errichtete der friesische Missionar Liudger, hier in der münsterschen Ludgerikirche dargestellt, auf dem Horsteberg ein Missionskloster. Auch die Stadt führt ihre Gründung auf das Jahr 793 zurück.

heutigen Diözese bis zur Lippe mit einem Bereich der westlichen Niederlande. Kurz nach seiner Ankunft gründete er auf dem Hügel am rechten Ufer des Flüsschens Aa, dem Horsteberg, ein vermutlich nach angelsächsischem Vorbild ausgerichtetes Kanonikerstift und baute Unterkünfte für sich, seine Mitkleriker sowie seine Schüler. Große Erfahrung brachte der damals 50-Jährige von seiner Missionstätigkeit um die heutigen Städte Emden und Groningen mit.

Für sein Kloster auf dem Horsteberg hatte Liudger wahrscheinlich Grund aus lokalem Adelsbesitz erhalten. Für die Lage auf dem trockenen Dünenrücken sprach neben dem Schnittpunkt zweier bedeutender Fernwege – zum einen der aus Friesland in Richtung Südosten und zum anderen jener aus dem Rheinland zur Nordsee –, die Nähe zur Aa. Wenige Jahre nach seiner Ankunft dürfte das Kloster, dessen Ordensgeistliche wahrscheinlich nach der Regel des hl. Benedikt lebten, vollendet worden sein. Zu Liudgers Vertrauten gehörten Mönche aus Utrecht, zum Teil Verwandte. Sein Neffe Altfrid berichtete, dass er 796 das Amt des Abts innegehabt habe. Daneben rief Liudger noch eine Ausbildungsstätte für den Klerikernachwuchs ins

Leben, um den er sich persönlich kümmerte. Auf die später „Domschule" genannte Einrichtung führt das Gymnasium Paulinum seine Tradition zurück. Damit vollzog sich zugleich ein tiefgreifender Wandel in der weiteren Region. Die Einführung der lateinischen Sprache zählte dazu, die allerdings lange ein Vorrecht des Klerus blieb, sowie ferner die Gesetzgebung für die sächsischen Stämme, die „Lex Saxonum". Sie sorgte zwar für eine Gleichstellung der Sachsen mit den Franken, bedeutete aber einen nachhaltigen Bruch mit ihren Traditionen.

Karl der Große hatte ursprünglich mit Liudger etwas anderes vor und trug ihm 791 das Amt des Bischofs von Trier an. Er lehnte ab. Obwohl er eine solche Berufung nie angestrebt hatte, sondern nach dem Vorbild des Apostels Paulus ortsungebundener Wandermissionar bleiben wollte, wurde er Ende März 805 in Köln schließlich doch zum Bischof geweiht. Damit ging zugleich die Aufwertung der münsterschen Siedlung einher, denn laut Kirchenrecht durfte ein Oberhirte nur in einer Stadt residieren. Davon konnte in Mimigernaford aber nicht die Rede sein. Liudger kannte aus seiner Zeit in England sogenannte Kathedralklöster und nahm sie sich vielleicht zum Vorbild. Seine Weihe geschah bezeichnenderweise ein Jahr nach dem Ende der fast 30 Jahre andauernden Kämpfe Karls des Großen gegen die Sachsen und diente der weiteren Festigung der Herrschaft des Kaisers in der Region. Ähnliches trug sich nahezu zeitgleich mit der Aufwertung Bremens, Hildesheims, Mindens, Osnabrücks und Verdens zu. Fast genau vier Jahre nach seiner Weihe starb der bereits zu Lebzeiten verehrte Bistumsgründer und fand in dem von ihm 799 gegründeten Kloster Werden bei Essen seine letzte Ruhestätte.

Die Wohngebäude des auf dem Horsteberg ins Leben gerufenen Kanonikerstifts haben sich, wie Grabungen 1975 und 1978 an den Tag brachten, möglicherweise nördlich des heutigen Domchors befunden. In einer Urkunde von 889 heißt es, dass dort zwölf Kleriker lebten. Der Ausbau des Areals zu einer befestigten Burg dürfte sich in Liudgers Ära aber nicht in dem Maße entwickelt haben wie bisher angenommen. Erst gegen

Ende des 9. Jahrhunderts wurde die 7,5 Hektar große Siedlung, in der zugleich Händler und Handwerker lebten – 40 bis 50 ihrer Behausungen konnten bei Ausgrabungen nachgewiesen werden –, mit einem Erdwall samt stattlicher Palisade und vorgelagertem Graben umgeben. Zu Beginn des 10. Jahrhunderts erhielt die Befestigung noch eine Steinmauer. Über zwei Tore, das eine vermutlich rund 10 bis 15 Meter östlich des schmalen Durchlasses, der seit 1930 wieder zum Drubbel führt, das andere, wesentlich später errichtet, an der Pferdegasse gelegen, regelte man den Zu- und Ausgang zur Domburg. Rund ein Drittel der Fläche entfiel ursprünglich auf kirchliche Gebäude, der Rest auf die südlich gelegene Siedlung der Handwerker.

Über die bis heute unbeantwortete Frage, ob überhaupt schon zu Lebzeiten Liudgers mit der Errichtung eines Doms begonnen wurde, also nach seiner Bischofsweihe 805, schweigt sich die Überlieferung aus. In besagter Vita Altfrids wird Liudger zwar als Klostergründer, nicht aber als Kirchenerbauer dargestellt. So klingt die These der Wissenschaft recht schlüssig, dass Klosterkirche und Dom zunächst als identisch anzusehen sind und erstere nach der Bischofserhebung lediglich eine überschaubare architektonische Veränderung erfahren hat. Allem Anschein nach ist jener Dom, der den Übergang von der Missionskirche zur Kathedrale kennzeichnet, erst unter Liudgers Nachfolger Gerfrid entstanden.

Dass die Hauptkirche im Bereich des heutigen Domherrenfriedhofs und der Sakristei anzusiedeln sei, wie die Forschung noch bis weit ins 20. Jahrhundert annahm, ist inzwischen

819 wird der von Liudger verehrte heilige Paulus erstmals als Patron der Bischofskirche genannt. Die Skulptur des Apostels im Paradies des Doms ist ein Spätwerk des münsterschen Bildhauers Heinrich Brabender um 1536.

Bei Ausgrabungen auf dem Domherrenfriedhof von 1987 bis 1989 fanden Archäologen Gräber aus der Zeit um 800. In einem Grab entdeckten sie zwei Silberdenare mit dem Monogramm Karls des Großen aus der Prägezeit von 792 bis 812.

widerlegt. Die ältesten Bauspuren, darin sind sich Archäologen einig, befinden sich unter der heutigen Kathedrale. Diese Ansicht wird durch das von 1987 bis 1989 freigelegte Fundament eines kleinen einschiffigen Gotteshauses auf dem Domherrenfriedhof gestützt. Es muss später noch einmal nach Osten durch einen rechteckig abgeschlossenen Chor verlängert worden sein. Dieser Sakralbau, „Alter Dom" genannt, kann jedenfalls nicht das Mittelschiff einer größeren Basilika gewesen sein. Das Gebäude stammt aus der ersten Hälfte des 9. Jahrhunderts, also aus der Zeit nach Liudgers Tod. Es maß fast acht Meter in der Breite und 22 Meter in der Länge und wurde, weil quellenmäßig belegt, fast bis in die Gegenwart hinein stets als Bischofskirche angesehen. Wahrscheinlich hat es nur dem Klosterkonvent als „Oratorium", als Bethaus, gedient. Das Gotteshaus ist indessen als Weiterentwicklung der Gründung anzusehen. Dass der eigentliche Dom dann wesentlich stattlicher war, liegt nahe.

Bei Bodenuntersuchungen fand man dort auch verschiedene Gräber mit Baumsärgen aus der Zeit Liudgers, also um 800.

Sie waren durch Überbauung in das Gotteshaus einbezogen worden, nachdem man dieses später erweitert hatte. Daraus folgerten Archäologen, dass es auf einem bereits bestehenden Bestattungsareal errichtet wurde, das um eine südlich oder südöstlich – also auf der Grundfläche des heutigen Doms – ausgerichtete Kirche entstand. In einem der Gräber stieß man auf zwei Silberdenare mit dem Monogramm Karls des Großen aus der Prägezeit von 792 bis 812. Für weiteres Aufsehen hat in diesem Zusammenhang das Auffinden hölzerner Fundamentreste eines um 800 auf dem erwähnten Friedhof gebauten und in unmittelbarer Nähe gelegenen Oratoriums gesorgt. Es wurde vermutlich durch Feuer bald zerstört, wie Bodenanalysen ergaben. Das kleine Bethaus, davon ist die Forschung überzeugt, diente dem Totengedächtnis einer einflussreichen Personengruppe Mimigernafords.

In welchem Ausmaß sich Liudgers Missionsaufgabe entwickelte, ist bis heute gleichfalls nicht im Detail bekannt. Gewiss ist, dass zu den frühen Gemeinden Ahlen, Beckum, Billerbeck, Coesfeld, Emsbüren, Freckenhorst, Herzfeld, Liesborn, Rheine und Warendorf gehörten. Die Forschung geht davon aus, dass es im 9. Jahrhundert rund 20 Kirchen in der Region gab, darunter solche, die schon vor Liudgers Ankunft bestanden, etwa in Ahlen, Rheine oder Warendorf. Liudgers Schwerpunkt dürfte eher im westlichen Münsterland gelegen haben. Bodenfunde, darunter ein Pferdegrab in vorchristlicher Tradition vom Ende des 9. Jahrhunderts in Sichtweite des Doms, könnten darauf hinweisen, dass heidnische Einflüsse noch ausgeprägt gewesen sein dürften.

Macht und Kontinuität: **Bischöfe gestalten Münster**

Die Stadtgeschichte in den fünf Jahrhunderten nach der Bistumsgründung ist durch die Stellung seiner Bischöfe geprägt worden, die im Herrschaftsgefüge der karolingischen, ottonischen, salischen und staufischen Könige und Kaiser eine hervorgehobene Rolle spielten. Erst 1278 konnten sich die Bürger ihrer Aufsicht entledigen. Dies war der entscheidende Wendepunkt in der städtischen Entwicklung. Herkunft, Leben und Wirken der Bischöfe sind zumeist unbekannt. Überliefert sind Pilgerfahrten nach Rom und die Teilhabe an der Reichspolitik, aber wenig Konkretes über die kirchlichen Verhältnisse in Münster. Liudgers Nachfolger stammten größtenteils nicht aus dem Bistum. Obwohl ihre Herkunft nicht immer zweifelsfrei geklärt ist, wies die Mehrzahl eine ostsächsische Herkunft auf und entstammte mächtigen Familien aus den heutigen Ländern Niedersachsen, Sachsen-Anhalt und Thüringen. Soweit bekannt, war in der Frühzeit allein der von ca. 882 bis ca. 898/99 amtierende Wolfhelm Münsterländer. Einige Bischöfe stammten aus dem Rheinland.

Zu den hervorragenden Nachfolgern des Bistumsgründers zählte Hermann I., der von 1032 bis 1042 regierte. In seine Ära fiel die Errichtung der Überwasserkirche. Zugleich rief er ein Kanonissenstift ins Leben, das von adeligen Töchtern der Region bewohnt wurde. Entgegen früherer Ansicht handelte es sich dabei nicht um einen amtlichen Vorgang, sondern um die Gründung einer Familienstiftung samt Eigenkirche. Die Grundsteinlegung 1040 in Anwesenheit des von 1039 bis 1056 regierenden, damals 23-jährigen Königs und späteren Kaisers Heinrich III. aus dem Adelsgeschlecht der Salier war Anlass für den ersten historisch nachweisbaren Aufenthalt eines Herrschers in Münster. Kirche und Kloster gingen schon 1071 in Flammen auf. Der Nachfolgebau entstand 1085/88. Zwischen 1340 und 1415 wurde die heutige spätgotische Kirche mit ihrem markanten, vor die Front gesetzten Westturm errichtet.

Neben Hermann I. gehört Erpho, der von 1085 bis 1097 amtierte, zu den herausragenden Bischöfen. Seine familiäre Herkunft ist ungewiss. Erpho, der auf Reichsversammlungen wiederholt auftrat und sich ansonsten oft in der Nähe Heinrichs IV., zumeist in Norditalien, aufhielt, brachte die wenigste Zeit in Münster zu. Bekannt ist von ihm eine Pilgerfahrt ins Heilige Land 1091/92, von der er einige Reliquien mitbrachte. Dies dürfte wesentlich zu seiner lokalen Verehrung beigetragen haben. Die seelsorgerischen Verdienste für das Bistum fallen dagegen eher bescheiden aus. Sein Name ist jedoch mit dem Wiederaufbau der Überwasserkirche samt Kloster 1085/88 und mit der Fertigstellung des zweiten Doms 1090 verbunden. Äußerlich muss das Gotteshaus mit seinem markanten Mittelturm bereits annähernd die Ausmaße der heutigen Kathedrale besessen haben. Münster geriet im 11. und 12. Jahrhundert wiederholt zwischen die Fronten der Anhänger des Kaisers und derer des Papstes. Im Februar 1121 wurde es von dem auf der Seite Roms stehenden Sachsenherzog Lothar v. Supplinburg eingenommen und brannte größtenteils ab. Das Feuer soll jedoch durch Unachtsamkeit ausgelöst worden sein, wie die Überlieferung sagt. Schweren Schaden nahm dabei der erst 30 Jahre zuvor errichtete Dom. Seine Sanierung zog sich hin und gelang unter dem von 1127 bis 1132 regierenden Bischof Egbert.

Bedeutendster Nachfolger Liudgers war der Würzburger Domherr Hermann v. Katzenelnbogen, Spross einer namhaften rheinischen Adelsfamilie. Er wird als Erneuerer und Vollender der jüngeren Ortsentwicklung angesehen, die sich seit zwei Jahrhunderten herausgebildet hatte. In seine von 1174 bis 1203 währende Ära fielen die Gründung weiterer städtischer Pfarreien, die Fertigstellung der Stadtmauer sowie der Bau des Westwerks des Doms samt Vollendung der beiden Türme – übrigens aus eigenen Mitteln – und, hinsichtlich des Bistums selbst, die neue Gliederung der Archidiakonate, der Verwaltungseinheiten des Bistums.

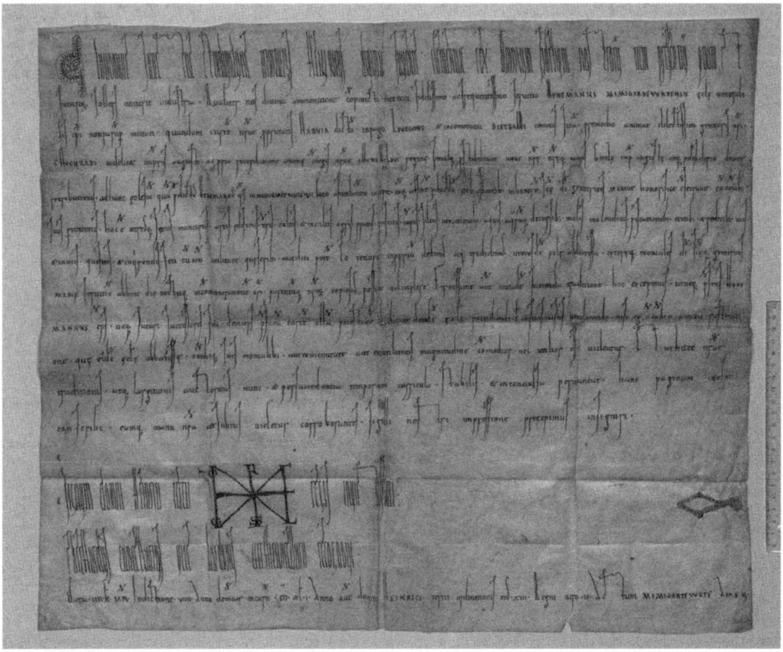

Bei der Grundsteinlegung des Stifts Überwasser 1040 war König Heinrich III. zugegen. Dabei übergab er den Königshof Herve bei Lüttich als Geschenk. Auf der Urkunde ist sein Namenszug als Monogramm, unten links, zu sehen.

Mit Hermann II. ist zugleich die endgültige Erlangung der Territorialherrschaft der Fürstbischöfe verbunden. Bis dahin standen über ihnen die Herzöge von Sachsen. Der Vorgang wurde durch das als Verrat gedeutete Verhalten Herzog Heinrichs des Löwen gegenüber dem Kaiser ausgelöst. Er hatte seinem Vetter Kaiser Friedrich I. Barbarossa wiederholt militärische Hilfe verweigert. Die dessen Politik zuwiderlaufende Haltung des Sachsenherzogs führte schließlich zu seiner Ächtung und zur Zerschlagung des Besitzes. Das dadurch hervorgerufene Machtvakuum in Westfalen nutzte Bischof Hermann II. zur Ausgestaltung seines landesherrlichen Regiments. Künftig waren die Fürstbischöfe allein dem Kaiser verantwortlich.

Eine weitere Veränderung betraf den Namen der Siedlung. Im 10. Jahrhundert bildete sich neben „Mimigernaford“ die

Bezeichnung „Mimigardeford“ heraus. „Gard“ ist ein altsächsisches Wort für „Haus“ oder „Land“. In der zweiten Hälfte des 11. Jahrhunderts trat dann offiziell der Name „Monasterium“, also Kloster, in Erscheinung. In einer Urkunde von 1068 wird der von 1064 bis 1084 amtierende Friedrich I. v. Wettin „episcopus [Bischof] Monasteriensis“ genannt. 1106 taucht dann erstmals der Ortsname „Monestere“ auf und schließlich 1173 volkssprachlich „Munstere“. Um 1144 war die ursprüngliche Benennung gänzlich verschwunden. Die Gründe sind unbekannt. Grabungen haben ergeben, dass um 1000 ein neues Domkloster errichtet wurde, das vielleicht als namengebende Kraft angesehen werden kann.

Von der Domburg zur Kaufmannssiedlung: **Münsters Stadtbild entsteht**

An der Entwicklung Mimigernafords hatten in der nachliudgerianischen Ära die halbjährlichen Treffen des Klerus mit dem Bischof, die Synoden, entscheidenden Anteil. Das erste bekannte Treffen berief der von ca. 882 bis ca. 898/99 nachweisbare Wolfhelm im Oktober 889 ein. Später fanden die Synoden jeweils im Frühjahr und im Herbst statt. Verwaltungs- und Rechtsfragen sowie religiöse Belange kamen dort zur Sprache, hauptsächlich aber wurden bischöfliche Entscheidungen verkündet. Außerdem sprach man Recht. Zu den Synoden hielten bald Händler und Bauern vor den Toren der Domburg Märkte ab. Bis heute lebt der Begriff „Synode" im Namen des Jahrmarkts, des „Send", weiter.

An der Kreuzung der erwähnten Fernstraßen aus Friesland und aus dem Rheinland vor der Domburg hatten sich seit etwa 950 dauerhaft Händler niedergelassen, also am Drubbel, am Roggenmarkt und am Alten Fischmarkt. Aus den termingebundenen Märkten war nunmehr ein ständiger Marktort geworden. Der Fernhandel umfasste zunächst einen Radius von mehreren 100 Kilometern. Handwerklich hergestellte Waren des Alltags bezogen die Kaufleute aus dem westlichen Frankreich, Fisch oder Vieh aus Friesland. Ihrerseits exportierten sie das im Münsterland hergestellte Leinen. Welche Bedeutung das aufstrebende Mimigernaford bereits erlangt hatte, bezeugt ein dort um 988/991 geprägter Pfennig, der im Ostseeraum umlief. Beziehungen nach Skandinavien und vermutlich ins Baltikum lassen sich demnach lange vor der Gründung des Hansestädtebunds nachweisen.

Der forcierte Ausbau der vor der Domburg gelegenen Kaufmannssiedlung begann in der Zeit des Bischofs Burchard v. Holte von 1098 bis 1118. Vermutlich war das Häuserkonglomerat rund um die spätere Lambertikirche seit Längerem angewachsen und hatte sich entlang der östlichen Seite des Prinzipalmarkts in Richtung der Klemensstraße weiterentwickelt. Grabungen auf dem ehemaligen Parkplatz „Asche" am Alten Steinweg und in der Kirchherrngasse vor dem Bau der Stadtbücherei zwischen 1987 und 1989 förderten größere Kellerräume zutage, die auf Kaufmannshäuser schließen lassen. Der Hauptmarkt, der nachmalige Prinzipalmarkt, entwickelte sich zum Zentrum des entstehenden Orts. Dafür sprach auch die Errichtung des Michaelistors gegenüber dem späteren Rathaus in der Ära Burchards. Noch heute heißt der Durchgang vom Rathaus zum Domplatz „Michaelisplatz". Hinzu kam ein weiteres Tor am Spiegelturm. Der Auslass in der Nähe der heutigen Domgasse in Richtung Drubbel war geschlossen worden, wahrscheinlich wegen der dortigen Bebauung. Keinen Anschluss an die Stadt fand dagegen das um 1070 von Bischof Friedrich I. v. Wettin gegründete und von seinem Nachfolger Erpho vollendete, wenige Kilometer östlich der Domburg gelegene Kollegiatstift St. Mauritz. Die romanischen Osttürme sind die einzig erhaltenen frühmittelalterlichen Bauten Münsters.

Als dritte Kirche nach dem Dom und St. Marien in Überwasser entstand in mehreren Bauschritten die heutige Lambertikirche. Bei Ausgrabungen fand man 1976 Spuren einer schlichten und äußerlich kleinen Kapelle, die wohl aus der Mitte des 11. Jahrhunderts stammten. Die Kirche wurde dem hl. Lambert geweiht, einem 705 in Lüttich gestorbenen Missionar, der sich im westlichen Europa großer Verehrung erfreute. Das Gebäude hat aber schon den Stadtbrand von 1121 nicht überstanden. Um 1150 lässt sich dann ein einschiffiger, langgestreckter Sakralbau von etwa 40 Metern Länge nachweisen. Für die sich entfaltende Gemeinde war dieser jedoch bald zu klein. Auch dieses Gotteshaus fiel einem Stadtbrand, dem von 1197, zum Opfer. Danach legte man um 1250 den Grundstein zu einer dreischiffigen Hallenkirche, deren Ausmaß in der Breite fast jenem des heutigen Gotteshauses entsprach. Zunehmender politischer Anspruch der Bürger dürfte allem Anschein nach der

In der Regierungszeit Hermanns II. von 1174 bis 1203 wurden von der Lambertipfarre vier Pfarrbezirke abgetrennt. Der Bischof wollte damit der wachsenden Einwohnerzahl Rechnung tragen. Die Ansicht stammt von 1885.

Grund gewesen sein, 1375 abermals eine neue Kirche zu bauen. Die Arbeiten zogen sich bis etwa 1525 hin. Ihrer Gründung als Gemeinde der Kaufleute und der Bürgerschaft verdankt St. Lamberti den Namen Stadt- und Marktkirche.

Das 12. Jahrhundert darf als das wichtigste in der bisherigen Entwicklung Münsters angesehen werden. Politische und kulturelle Umbrüche führten dazu, dass es zu einer Größe heranwuchs, die in den folgenden Jahrhunderten Bestand hatte. Schätzungsweise lebten dort 10.000 Einwohner, nach damaligen Vorstellungen eine Großstadt. In einer Urkunde des Magdalenenhospitals von 1184, der ältesten karitativen Einrichtung, findet sich erstmals der Hinweis auf Prinzipalmarkthäuser. Die darin genannte Bezeichnung „Lobia“

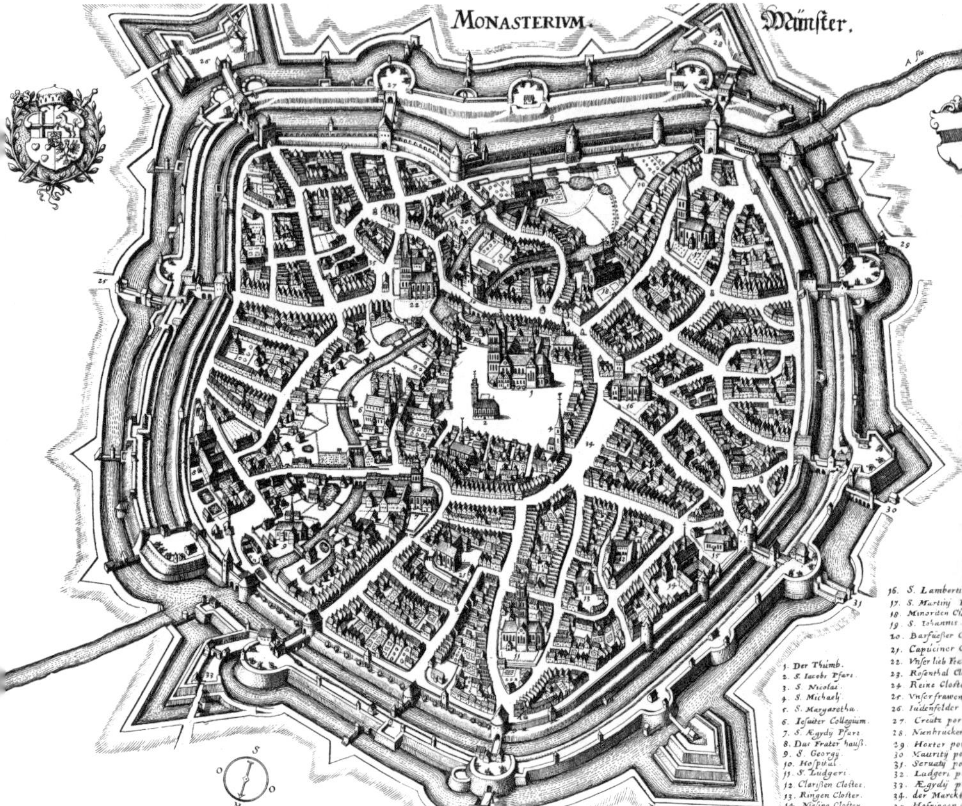

Deutlich sind die starken Befestigungswerke mit dem doppelten Wall und den Artilleriestellungen zu sehen. Von etwa 1200 bis 1875 wuchs die Stadt nicht über die mittelalterliche Begrenzung hinaus. Die Vogelschauansicht von Matthäus Merian stammt von 1641/47.

meint jedoch keine Laubengänge, sondern Holzbehausungen, wie damals üblich. Steinhäuser mit den späteren Arkadengängen dürften erst im 14. Jahrhundert entstanden sein. Der Name „Prinzipalmarkt" ist seit 1579 belegt. Ab 1612 taucht der Begriff ebenfalls in den Ratsakten auf.

Während der langen Regierungszeit Hermanns II. von 1174 bis 1203 gelangte die stürmische Entwicklung zu einem Abschluss. Hatten bisher die Lambertikirche auf der Ostseite der Aa und St. Marien in Überwasser auf deren Westseite für den Gottesdienst genügt, so sah sich der Bischof veranlasst, von der Pfarrei Lamberti gleich vier Pfarrbezirke abzutrennen, Ludgeri, Aegidii, Martini und Servatii. Damit trug er der zunehmenden Bevölkerungszahl Rechnung. Den größten Anteil erhielt St. Ludgeri. Damit sollte er die Weichen für weitere Unabhängigkeitsbestrebungen Münsters stellen, waren es doch die Pfarreien, die die städtischen Strukturen maßgeblich herausbildeten und die Befreiung von der bischöflichen Herrschaft begünstigten. Hermann II. muss Münster auch das Stadtrecht verliehen haben. Der Zeitpunkt ist dabei nur indirekt zu erschließen. Einer Urkunde von 1326, in der es um eine Bielefelder Privilegierung geht, ist zu entnehmen, dass das münstersche Stadtrecht bereits im letzten Drittel des 12. Jahrhunderts existierte. Es dürfte vermutlich von umfangreicherer Natur als die Bielefelder Rechteverleihung gewesen sein und in Teilen wohl schon Jahrzehnte früher bestanden haben.

Um 1200 war nach mehreren Jahrzehnten Bauzeit die Stadtmauer weitgehend vollendet. Sie war eine sechs bis acht Meter hohe und etwa 4,5 Kilometer lange Mauer mit einem vorgelagerten Wassergraben. Sie umgrenzte eine Fläche von 103 Hektar. Ursprünglich zehn Tore, dazwischen sechs Türme, gewährten Aus- und Einlass. Nach 1600 bestanden nur noch acht Tore. Die Verbreitung der Feuerwaffen führte dann zu einer weiteren Umwallung. 1447 wurde vor dem inneren Stadtgraben ein hoher Erdwall aufgeschüttet und ein zweiter Festungsgraben angelegt. Auf den Rondellen sowie auf den dem Außenwall vorgeschobenen Bauten konnten Geschütze aufgestellt und somit Angriffe auf die dahinter liegenden Tore verhindert werden. Münster hatte sich zu einer der wehrhaftesten Städte Deutschlands entwickelt und überstand deshalb auch den Dreißigjährigen Krieg unbeschadet. Der Befestigungsverlauf ist noch heute an der Anlage der Promenade zu erkennen. Letzter Überrest ist der Buddenturm.

In der ausgehenden Ära von Bischof Hermann ereignete sich eine der bis dahin größten Katastrophen. Nach langer Trockenheit brach im Mai 1197 ein Brand aus, der nahe-

Erst 1225, zu Zeiten des Bischofs Dietrich III. von Isenberg, konnte nach dem Stadtbrand von 1197 der Grundstein zu einem neuen, dem heutigen Dom, gelegt werden, hier in einem 1784 erschienenen Andachtsbuch dargestellt. Er wurde 1264 geweiht.

zu den gesamten Ort einäscherte. Einzig die Ludgeri- sowie die Servatiikirche sollen das Inferno überstanden haben. Der Wiederaufbau zog sich lange hin. So konnte erst im Juli 1225, zu Zeiten des von 1218 bis 1226 regierenden Dietrich III. v. Isenberg, der Grundstein zu einem neuen, dem heutigen Dom gelegt werden. Vorhanden waren wahrscheinlich noch die beiden ersten Untergeschosse der Türme, die Hermann II. hatte errichten lassen. Ende September 1264 konnte der Dom von Bischof Gerhard v. d. Mark geweiht werden. Das Äußere im Stil der westfälischen Spätromanik ist nahezu identisch mit demjenigen der heutigen Kathedrale. Dass diese Architekturrichtung weiterhin vorherrschte, ist bemerkenswert, weil spätestens ab 1150 in Frankreich gotische Kathedralen gebaut wurden.

Handels- und Hansestadt: **Wohlstand stärkt Münsters Ansehen**

Dank der verkehrsgünstigen Lage der Stadt nahm der überregionale Handel im 12. und 13. Jahrhundert einen bedeutenden Aufschwung. Der Güteraustausch reichte bis in den Ostseeraum hinein. Von dort bezog man Pelzwaren, Wachs, Getreide, Hering oder Stockfisch. Exportartikel waren Leinwand, Wolltücher und Vieh, Arbeiten aus Baumberger Sandstein oder Kunstwerke, etwa Altartafeln. Recht früh, 1143, traten münstersche Bürger in dem gerade gegründeten Lübeck in Erscheinung. 1227 findet man sie in Geschäftsverträgen in Wisby auf Gotland und 1254 in Riga. Dort hieß der Versammlungsort der Großen Gilde seit 1330 „Stube von Münster". In einer 1229 geschlossenen Übereinkunft zwischen dem Fürsten von Smolensk und deutschen Kaufleuten wurden neben Abgesandten aus Lübeck und Bremen zwei münstersche Bürger als Zeugen genannt, Konrad Schele und Johann Kind. Überdies lassen sich 1250/60 Händler im norwegischen Bergen nachweisen. Im 13. Jahrhundert gewann daneben der Englandhandel an Bedeutung. Darauf verweisen Namen wie Anglicus oder Travelman, abgeleitet vom englischen „traveller". Beiden begegnet man 1264 auch in der ersten bekannten „Adressenliste" von Hausbesitzern an der Westseite des späteren Prinzipalmarkts. 1273 war ein Johann von Münster am englischen Wollhandel beteiligt, und 1282 wird in einer Urkunde, die der Londoner Rat für die Bewachung eines Stadttors ausgestellt hatte, ein Johann de Dolen genannt. Dazu sind wiederholt Namen wie Bischopink, Buck, Droste, Drolshagen, Schenkinck oder Wieck in Geschäftsbüchern des Londoner Stalhofs zu finden.

Das Datum von Münsters Beitritt zur Hanse ist unbekannt. Da es mit anderen Orten der Region schon früher Bündnisse zum Handelsschutz eingegangen war – 1246 mit Osnabrück,

Münstersche Kaufleute pflegten schon im 12. Jahrhundert Handelsbeziehungen in den Ostseeraum. Seit 1330 hieß der Versammlungsort der Großen Rigaer Gilde „Stube von Münster“. Das Bild schuf der Maler Fritz Grotemeyer 1935/36.

Coesfeld, Herford und später noch mit Minden sowie 1253 mit Dortmund, Lippstadt und Soest – dürfte die Stadt aufgrund ihrer überregionalen Bedeutung per se in die Hanse „hineingewachsen“ sein. Überliefert ist, dass Repräsentanten 1285 ins schwedische Kalmar eingeladen wurden. 1305 ist eine Versammlung in Lübeck bezeugt, an der Vertreter der Stadt teilnahmen, und 1368 wird Münster in einem Privileg des Königs Albrecht I. v. Schweden als Hansestadt genannt. Zusammen mit Dortmund, Osnabrück und Soest gehörte es jedenfalls zu den wichtigsten Niederlassungen der Region. Nach der Schwächung Dortmunds und dem Rückzug Kölns Ende des 16. Jahrhunderts nahm Münster die Spitze des westfälischen Hansequartiers ein.

Parallel zur wirtschaftlichen Entwicklung und zunehmenden Bedeutung strebte die Bürgerschaft seit Anfang des 12. Jahrhunderts vermehrt nach Mitsprache in Belangen der eigenen Verwaltung. Dies führte zwangsläufig zu Konflikten. In der Ära Friedrichs II. v. Are, der von 1152 bis 1168 regierte, gelang es der Stadt schließlich, sich von der bischöflichen Vogteigerichtsbarkeit zu befreien. Sie erhielt ein eigenes Gericht mit einem Schöffenkollegium, wobei das Amt des Stadtrichters zunächst noch von Dienstleuten des Bischofs besetzt wurde. Immerhin genehmigte der Landesherr, Beisitzer aus der Bürgerschaft zu wählen, anfangs zwei, später vier. Diese Entscheidung wird als rechtliche Anerkennung der Stadt und als Geburtsstunde des Rats gewertet. Auch die darauf folgenden Bestrebungen nach Selbstständigkeit vollzogen sich im Rechtsbereich. Bis zur Erlangung der eigenen Jurisdiktion vergingen aber noch viele Jahre. 1231 findet sich der früheste Beleg eines Stadtsiegels. Auf ihm ist als Ausdruck des gewachsenen Selbstbewusstseins die Stadtmauer abgebildet.

Die weitere Entfaltung Münsters blieb nicht frei von Konflikten. Die Domherren, die auf der Ostseite der Domburg ihre Kurien errichtet hatten, führten über die Kaufleute Klage, die auf der Westseite des Prinzipalmarkts ihre Holzhäuser mit der Rückfront zum Domplatz gebaut hatten. Trennend zwischen den Grundstücken lag der nach und nach weitgehend zugeschüttete frühere Burggraben. Als dieser zusehends zu einer Abfallgrube verkam, beschwerten sich die Domherren beim Bischof. In der Amtszeit Ludwig v. Wippras zwischen 1169 und 1173 wurde der Streit beigelegt. Danach überließ man den Bürgern die äußere Hälfte des Grabens zur Nutzung. Unstimmigkeiten gab es weiterhin. Um 1280 ließ Bischof Everhard v. Diest die sogenannte Immunitätsmauer erbauen, die beide Bereiche voneinander trennte. Überreste sind noch heute an der Rückseite des früheren Cafés Kleimann in der Domgasse, im Durchgang vom Domplatz zum Drubbel, zu sehen.

1221 tauchten in den frühesten bekannten Schöffenlisten erstmals Namen solcher Familien auf, die in den beiden folgenden Jahrhunderten die Geschicke der Stadt nachhaltig bestimmten. Der der Kaufmannschaft entstammende Personenkreis hatte sein Vermögen im Fernhandel erworben und besaß zudem umfangreichen Grundbesitz. Aber erst die Zugehörigkeit zum Rat, den sie fortan beherrschen sollte, verschaffte dieser Honoratiorenschicht den privilegierten Status eines lokalen Patriziats. Die Bezeichnung „Erbmänner“, die sich im 15. Jahrhundert herausbildete, verweist jedoch nicht auf das ihr zustehende Recht, den Ratssitz zu „vererben“, wie lange Zeit gemeint wurde, sondern auf den Begriff „ehrbar“. Bis 1454 stellte allein sie Bürgermeister, Ratsherren und Stadtrichter. Die Droste-Hülshoffs, Bischopinks, Kerckerincks oder die v. d. Tinnens gehörten zu ihren herausragenden Repräsentanten.

1268 traten erstmals zwei Vorsteher an die Spitze Münsters. Es sollten jedoch zehn Jahre vergehen, ehe das Regiment der Bischöfe endgültig abgeschüttelt werden konnte. Mit Erlangung der weitreichenden Rechts- und Verwaltungshoheit in der Ära Bischof Everhards v. Diest von 1275 bis 1301 gab sich die selbstbewusste städtische Führungsschicht hingegen nicht zufrieden. Noch lag die Wehrhoheit in den Händen des Landesherrn. Zuletzt, 1278, übernahmen die Bürger die Türme des Bispinghofs – an seine Lage erinnert die gleichnamige Straße – in ihre Verantwortung und zogen damit endgültig die Militärgewalt an sich. Ende des 13. Jahrhunderts stellte man das erste eigene bewaffnete Kontingent auf. Außerdem verzichtete der Bischof auf jede Gewaltanwendung gegen die Stadt. Seitdem hatten die Landesherren in Münster nur noch Gastrecht. Sie residierten in den Landesburgen, etwa im nahen Wolbeck, in Ahaus, Bevergern, Horstmar, Nienborg, Sassenberg oder Telgte. Als später die Erzbischöfe von Köln in Personalunion auch münstersche Fürstbischöfe waren, blieben sie meistens in ihrem rheinischen Territorium und ließen sich im Norden Westfalens nur gelegentlich sehen. Nicht zuletzt setzte die Stadt ihre Teilnahme an den Landtagen durch.

In die Zeit, in der es gelang, immer mehr städtische Freiheiten zu erwerben, fiel ab etwa 1250 der Bau des Rathauses. Das „börgerhus“ entstand in mehreren Phasen. Vermutlich begann man zunächst mit der Ratskammer, dem heutigen Friedenssaal, in der Rat und Gericht tagten. Um 1320 wurde die Bürgerhalle davor gebaut und das Ganze um 1400 mit dem beeindruckenden Schaugiebel vollendet. Der reiche Skulpturenschmuck

Der Bau des Rathauses fiel in die Zeit ab 1250. Das „börgerhus", in dem das Schöffenkollegium, der spätere Rat, tagte, wurde in mehreren Phasen errichtet. Um 1400 dürfte der Giebel vollendet gewesen sein: eine Ansicht von 1849.

der einst farbig gestalteten Fassade hatte weniger mit reiner Ornamentik zu tun. Den Christen des Spätmittelalters erschloss sich im Rathausgiebel ein theologisches Bildprogramm ihrer Alltagsreligiosität. Neueren Interpretationen zufolge verweist der Giebelschmuck auf die Ankunft des Messias.

In der zweiten Hälfte des 14. Jahrhunderts wurde Münster aufs Schwerste von der Pest heimgesucht, die 1349/50 und 1382 wütete. Sie soll in letzterem Jahr unter den rund 10.000 Einwohnern 8.000 Opfer gefordert haben. 1383 setzte der Bevölkerung zusätzlich ein verheerender Brand zu. Beide Katastrophen veranlassten damals Bürger und Klerus zu einem Gelübde, von nun an jährlich eine Buß- und Bittprozession abzuhalten, um Gott auf diesem Sühnegang um Schutz vor weiterem Unglück zu bitten. Sie wird traditionsgemäß bis heute im Juli durchgeführt. Diese Heimsuchung dürfte der Grund der Verzögerung des letzten Bauabschnitts des Rathauses gewesen sein.

In der Epoche der sich herausbildenden Selbstständigkeit der Bürgerschaft vollzog sich noch eine andere Entwicklung. Der wachsende Einfluss der Gewerbetreibenden und Handwerker ging mit der Organisierung zur Wahrung ihrer Interessen einher. Die 1354 urkundlich erstmals erwähnten Gilden nahmen im weiteren politischen und wirtschaftlichen Leben eine tragende Rolle ein. Ihre Zahl stieg allmählich auf 17. Der Zusammenschluss von Angehörigen eines Gewerbes, in Süddeutschland meist Zunft genannt, kontrollierte die Qualität der Ware, regelte Produktion und Preise und sorgte vor allem dafür, dass sich keine Auswärtigen niederließen. Daneben kümmerten sich die Gilden um soziale Belange, etwa um die Versorgung ihrer Mitglieder im Krankheits- oder Todesfall. Von ihren Versammlungsstätten ist heute einzig noch das 1589 errichtete Krameramtshaus erhalten, Tagungsstätte der Kaufmannschaft.

Binnen weniger Jahrzehnte hatte sich die um 1410 gegründete Gesamtgilde zu einem mächtigen Interessenverband mit weitreichenden Befugnissen entwickelt und den Einfluss der Erbmännerfamilien zurückgedrängt. Die Führung lag in Händen zweier Gildemeister. 1447 wurde schließlich der „Gemeinen Gilde“, die im Schohaus am Alten Fischmarkt regelmäßig tagte, die Ebenbürtigkeit mit der Ratsversammlung in städtischen Angelegenheiten, also im Sinne des Gemeinnutzes, zugebilligt, fraglos einer der gravierendsten Einschnitte im Rechtsgefüge der Stadt seit dem Ende der bischöflichen Herrschaft. Eine Zusammenarbeit hatte es schon zuvor gegeben, etwa in Steuerfragen. Im Gegensatz zu gleichgearteten Vorgängen in anderen Städten verlief die Entwicklung in Münster friedlich. Als 1454 das Vorrecht der Erbmänner auf einen Sitz im Rat aufgehoben wurde, stand den Mitgliedern der Gilde endgültig der Weg in das wichtigste städtische Gremium offen.

Den weiteren Aufstieg beeinträchtigten wiederholt regionale Konflikte. Einflussreiche Grafengeschlechter suchten durch Erlangung hoher Kirchenämter, etwa durch die Wahl eines Verwandten auf einen Bischofsstuhl, die eigene Machtstellung zu stärken. Umgekehrt drängten die Fürstbischöfe danach, ihren Einfluss zu vergrößern. Dazwischen standen die Städte, die um die Wahrung ihrer mühsam errungenen Rechte fürchteten. Der bedeutendste Streit in der Region war die münstersche Stiftsfehde, die sich von 1450 bis 1457 hinzog. Dabei handelte es sich um einen Zwist zwischen den niederrheinischen Grafen v. Moers und den niedersächsischen Grafen v. Hoya um das münstersche Bischofsamt, also um Macht und Einfluss im nördlichen Westfalen. In die Auseinandersetzung, die selbst Kaiser und Papst beschäftigte, war auch die Stadt verwickelt. Sie stand auf der Seite derer von Hoya. Der zum Stiftsverweser gewählte Graf Johann, dessen Bruder Erich Bischof werden sollte, hatte sich jedoch den Unmut der Bürgerschaft zugezogen, als er 1454 einen nur aus seinen Anhängern bestehenden Rat wählen ließ. Auf dem Hansetag im folgenden Oktober wurde Hoya deshalb scharf kritisiert und Münster vorübergehend aus der Hanse ausgeschlossen, solange die alte Ratsverfassung nicht wiederhergestellt sei.

Zwischen den verfeindeten Parteien kam es schließlich 1454 in der Nähe des Klosters Varlar bei Coesfeld zur entscheidenden Schlacht. Beide Seiten führten mehrere Verbündete ins Feld. Hoyas Truppen unterlagen dem Heer des Kölner Erzbischofs Dietrich v. Moers. Dreißig münstersche Bürger ließen dabei ihr Leben, 85 gingen in Gefangenschaft. Die Leichen brachte man in die Stadt und setzte sie auf dem Aegidiifriedhof und dem Gottesacker der Minoritenkirche, der späteren Apostelkirche, bei. Beendet wurde die Stiftsfehde ein Jahr später, nachdem Erich v. Hoya mit einer lebenslangen Rente abgefunden worden war. Das Bischofsamt übernahm der erst 28-jährige Johann v. Pfalz-Simmern. Münster überstand die Fehde einigermaßen glimpflich und büßte keinerlei Rechte oder Privilegien ein.

Abwendung vom alten Glauben: **Die Täufer beherrschen Münster**

An der Wende vom 15. zum 16. Jahrhundert zeichneten sich in dem etwa 9.000 Einwohner zählenden Münster – in Köln, der damals größten deutschen Metropole, lebten über 40.000 Menschen – einschneidende Veränderungen im politischen, wirtschaftlichen und sozialen Leben ab. Hatte die Stadt jahrzehntelang vom florierenden Handel recht gut gelebt, so traf sie, wie anderswo auch, der Rückgang des Warenaustauschs mit den Metropolen im Nord- und Ostseeraum hart. Steigende Preise, Hungersnöte und Epidemien stellten die Bevölkerung vor große Herausforderungen. 1525 war es bereits zu einem Aufruhr der Handwerker gekommen, deren Protest sich vor allem gegen die Privilegien der Kleriker richtete, die keine Steuern abführen mussten und einer eigenen Gerichtsbarkeit unterstanden. Die Mönche und Nonnen hatten die Klöster zu prosperierenden Unternehmen ausgebaut und wurden deshalb von den Gilden als Konkurrenz betrachtet. Etwa 20 Prozent der Einwohner zählten zum geistlichen Stand. Hinzu gesellte sich Empörung über den Verfall von Sitte und Moral des Klerus. Der Boden für weiteren Protest war bereitet.

Angesichts der Konflikte mit den Klöstern lag es nahe, dass die mächtigen Gilden in der Hinwendung zur Lehre Luthers Vorteile erblickten. Die Gründe für deren zügiges Bekanntwerden seit 1520 lagen unter anderem in der inzwischen weiten Verbreitung des Buchdrucks und in der Entstehung neuer Publikationsformen. Dazu zählten vor allem Flugblätter. Volkssprachliche Ausdrucksformen, darunter das Niederdeutsche, das das Lateinische als Schriftsprache verdrängte, haben die neuen Anschauungen nachhaltig popularisiert. Der Umbruch in Münster wie andernorts wurde aber nicht nur von der Sympathie für Reformen des Glaubens, sondern auch von der seit Längerem bestehenden und weit verbreiteten Furcht vor dem nahen Ende der Welt und der bevorstehenden Wiederkunft Christi ausgelöst. Dazu trugen Himmelserscheinungen wie Mond- und Sonnenfinsternisse sowie Schweifsterne bei, die man als Boten der Endzeit deutete. Wanderprediger, denen bald der Ruf von Propheten anhaftete, schürten solche Ängste und riefen zur Buße auf. Nur wenige Auserwählte würden, ihrer Lehre zufolge, das kommende Gottesgericht überstehen.

Die Umwälzung in Münster begann spät, erst 1530/31. Frühe Reformationsversuche 1525/26 waren unterdrückt worden. In der Mauritzkirche predigte seit 1529 der aus Stadtlohn gebürtige Kaplan Bernd Rothmann. In dem vor den Toren der Stadt gelegenen Gotteshaus verkündete er die reformatorische Lehre von der Rechtfertigung aus dem Glauben. Zugleich kritisierte er moralische Verfallserscheinungen und Missbräuche in der katholischen Kirche. Aufgeschreckt durch den großen Zulauf des Geistlichen verhängte Fürstbischof Friedrich v. Wied auf Antrag des Domkapitels ein Predigtverbot und ordnete die Landesverweisung an. Rothmann fand daraufhin im münsterschen Krameramtshaus Unterschlupf. Dort wusste er sich der Unterstützung der Allgemeinheit sicher. Der Rat fürchtete indessen um den lokalen Frieden.

Ende Februar 1532 erhielt Rothmann die Pastorenstelle an St. Lamberti. Im Juli erklärte der Rat seine Lehre für verbindlich. Danach berief man weitere auswärtige Prediger an die übrigen Kirchen, die das Wort Gottes „unverfälscht" verkünden sollten. Der mittlerweile zum Fürstbischof gewählte Franz v. Waldeck, der der Reformation positiv gegenüberstand, erklärte diesen Vorgang jedoch mehrfach für unstatthaft. Im Spätsommer 1532 kam es als Folge des Wandels zu einer „liturgischen Reinigung" der Kirchen. Altäre, Bilder und Heiligenfiguren wurden daraus verbannt, Fresken übertüncht.

Waldeck bestand auf der Entlassung der Geistlichen und verhängte Sanktionen. Die Stadt wehrte sich dagegen, auch gewaltsam, bis hin zur Geiselnahme. Im Februar 1533 kam ein Vergleich zustande. Die Pfarrkirchen blieben evangelisch, der

Dom und die Klosterkirchen katholisch. Die Reformation sollte sich aber nicht dauerhaft durchsetzen. Münster blieb konfessionell gemischt. Die Einwohnerschaft war in drei Lager gespalten: eines unterstützte Rothmann, das andere die gemäßigte Stadtreformation, das dritte die Rekatholisierung. Innerhalb des Rats hatte sich ebenfalls ein Umschwung vollzogen. Bei der jährlichen Wahl Anfang März 1533 siegten erstmals die Anhänger der Lehre Luthers.

Rothmann vertrat inzwischen die Auffassung, dass allein die Taufe auf das Bekenntnis des Glaubens, auch Erwachsenentaufe genannt, biblisch korrekt sei. Darin erblickte er zugleich einen Bekenntnisakt mündiger Menschen. Möglicherweise ist seine neue Gewissheit mit der Einflussnahme durch verschiedene auswärtige Prediger in Münster zu erklären. Der Rat reagierte und verwies auf die gemäß Reichsrecht untersagte Neuauslegung der Sakramente. Nachdem sich wenig später einige Mitstreiter Rothmanns geweigert hatten, Säuglinge zu taufen, ließ der Rat mit Unterstützung der Mehrheit der Gilden im September 1533 die Pfarrkirchen schließen. Rothmann und seine Mitprediger wurden suspendiert. Ein mit den Gilden erzielter Kompromiss sah vor, die auswärtigen Glaubensverkünder zum Verlassen der Stadt aufzufordern. Tatsächlich soll ihr aber nur ein einziger für einige Wochen den Rücken gekehrt haben. Die übrigen hielten sich im Verborgenen. Zwischenzeitlich hatte der Rat nichts unversucht gelassen, die Reformation weiter durchzusetzen.

Mit Jahresbeginn 1534 änderte sich die Lage schlagartig. Den Umschwung bewirkte die dem Bäcker und Täuferpropheten Jan Matthys aus dem niederländischen Haarlem zugesprochene Autorität. Er hatte im November 1533 vorhergesagt, dass Christus bis Ostern 1534 erscheinen werde. Sendboten trafen am 5. Januar 1534 in Münster ein und verbreiteten die Botschaft, benannten jedoch keine konkrete Stadt für die Wiederkehr Christi. Dass ein Prophet nunmehr neue Apostel aussandte, um die wahre christliche Gemeinde zu sammeln, wurde als Zeichen eines von Gott gelenkten Geschicks zur Vollendung der Heilsgeschichte verstanden. Die Anhänger des Jan Matthys tauften sogleich die

Prediger, die danach ihrerseits die Gemeindemitglieder tauften: rund 1.400 Männer und Frauen, etwa ein Viertel der erwachsenen Bevölkerung. Angesichts der bekannten möglichen Folge, der Todesstrafe, war dies ein ausgesprochen mutiges Bekenntnis.

Franz v. Waldeck sah sich unverzüglich zum Handeln veranlasst und verlangte am 23. Januar die Auslieferung der Verantwortlichen. Am 3. Februar 1534 ordnete er die Verhaftung jener an, die sich zur Glaubenstaufe bekannten. Durch Reichsrecht war diese seit 1529 verboten. Einige Anhänger Rothmanns in Dülmen ließ der Fürstbischof sogleich hinrichten. Unter dem äußeren Druck des Landesherrn bekannten sich Rat und Gilden zu einer inneren Solidarität und beschlossen am 30. Januar 1534, niemanden wegen seines Glaubens zu verfolgen – ein reichsweit bisher einmaliger Vorgang. Damit hatte sich allerdings der Rat seiner Macht beraubt, da ihm nur noch die Wahl zwischen den Interessen der Täufer und jenen des Bischofs blieb. Beide lehnte er ab. Allgemein herrschte Angst vor dem zu erwartenden Anrücken der bischöflichen Truppen.

Am 9./10. Februar 1534 drohte der innerstädtische Konflikt durch die Frage, ob dem Landesherrn die Stadttore geöffnet werden sollten oder nicht, in Gewaltanwendung zu münden. Täufer und lutherische Mehrheitspartei im Rat standen einander bewaffnet gegenüber. Dabei brach die Front der gemäßigten Protestanten auseinander. Am Ende waren es die Vertreter der Gilden, die sich am 11. Februar für die Tolerierung der Täufer aussprachen. Dabei hatte noch der innerstädtische Solidaritätsgedanke eine maßgebliche Rolle gespielt, die militärische Besetzung durch den Bischof unter allen Umständen zu verhindern. Darunter hätten alle gelitten, gleich welcher Konfession. Die Entscheidung hatte drei Konsequenzen: Zum einen befand sich die Stadt seit dem 11. Februar in den Händen der Täufer, zum anderen war der militärische Konflikt unausweichlich. Außerdem hatte die gemäßigte Reformation ihr Ende gefunden. Durch den Weggang der führenden katholischen und moderaten evangelischen Bürger, die sofort die beginnende Belagerung unterstützten, verschoben sich die Machtverhältnisse zugunsten

Die Anführer der Täuferbewegung 1534/35: Der Haarlemer Bäcker Jan Matthys in einem allerdings nicht authentischen Porträt – er starb schon im April 1534 – und der Schneider Jan van Leiden.

der Täufer. Die Bereitschaft zur Verteidigung der Stadt einte die neu getauften und die nicht neu getauften Bürger. Turnusmäßig stand am ersten Montag der Fastenzeit, dem 23. Februar 1534, die alljährliche Ratswahl an. Nur sechs der 24 Ratsherren des Gremiums von 1533 wurden wiedergewählt. Der Rat ernannte Bernd Knipperdollinck, der sich seit 1532 zum Luthertum bekannte, zu einem der beiden Bürgermeister.

Die Ankunft von Jan Matthys im Februar 1534 führte zu einer weiteren Stärkung der Täufer. Sein Weg hatte ihn wenige Tage vor der Ratswahl deshalb in die Stadt geführt, weil er aufgrund des Toleranzabkommens überzeugt war, die Wiederkunft Christi werde in Münster stattfinden, und dort werde er auch sein Endgericht halten. Verfolgte lud man ein, in die Stadt zu kommen. In den folgenden Wochen machten sich etwa 2.000 Frauen und Männer, größtenteils aus Holland, Friesland und dem Herzogtum Jülich, auf den Weg, so dass die

Bevölkerungszahl mit etwa 9.000 Menschen konstant blieb. Die Anzahl der Abgewanderten und Zugezogenen dürfte sich mit je rund 2.000 Personen die Waage gehalten haben.

Nach der Ratswahl am 23. Februar überschlugen sich die Ereignisse. Mit einem Bildersturm im Dom und in den Klosterkirchen führte man die 1532 begonnene „Reinigung“ der Gotteshäuser weiter. Derartige Bewegungen waren aber nicht neu und hatten schon anderswo stattgefunden. Die Gebäude wurden erheblich beschädigt. Herausgebrochene Steine und Skulpturen, darunter ein Figurenzyklus aus dem Portal der Überwasserkirche, dienten wenig später der weiteren Befestigung der Stadttore und -wälle. Der Aktion fielen außerdem zahlreiche Devotionalien, Reliquien sowie Sarkophage der Bischöfe zum Opfer, ferner Sakralgegenstände, Heiligenstatuen und Gemälde. Wiederum einige Tage später, Anfang März, vernichtete man wichtige Archivalien, darunter das Ratsarchiv und Urkunden. Allein die Bibel blieb unangetastet. Bei der Bücherverbrennung ging auch die wertvolle Dombibliothek des Humanisten Rudolf v. Langen unter.

Den Vorgängen lag die Absicht zugrunde, mit der Erinnerung, mit dem Alten zu brechen und einer neuen, unbelasteten Gesellschaftsordnung den Weg zu bahnen. Der Sturm richtete sich zugleich gegen die Wahrzeichen jahrhundertelanger bischöflicher Herrschaft. Zeugnisse religiöser Verehrung, vor allem gestalterische Darstellungen, mussten deshalb vernichtet werden. Grundlage ist die reformatorische Verwerfung der Bilderverehrung als Götzendienst. Den Täufern, die eine innere, jedoch keine äußere Kirche akzeptierten, genügten allein Glaubenstaufe und Abendmahl.

Damit verband sich die Absicht, unter der Einwohnerschaft gleichfalls für eindeutige Verhältnisse zu sorgen. Am 27. Februar war das Schicksal derer besiegelt, die sich nach wie vor den Täufern widersetzten. Man verwies sie der Stadt, beschlagnahmte danach ihren Besitz und führte diesen der Gütergemeinschaft zu. Immerhin mussten 2.000 Zugezogene versorgt werden. Ferner wurden der Geldverkehr verboten und

Schulden erlassen. Insgesamt mag die Schnelligkeit überraschen, mit der die Täuferbewegung über ihr religiöses Anliegen die Stadt in den Griff bekam. Ihr Erfolg gründete wesentlich auf dem Zusammenhalt und umfasste Bürger sowie nichtbürgerliche Bewohner und Fremde. Die Abschaffung ständischer Strukturen, die, wie man erklärte, nach dem Sündenfall geschaffen worden seien, um durch diese Reinigung eine von Sünden befreite Glückseligkeit zu erlangen, trugen die meisten mit. Trotzdem gab es weiterhin Bewohner, die die Zwangstaufe zwar über sich ergehen ließen, der Bewegung aber zweifelnd bis ablehnend gegenüberstanden.

Schon vor der religiösen und politischen Umgestaltung begannen die fürstbischöflichen Truppen und ihre Verbündeten mit der Belagerung Münsters. Sie dauerte 16 Monate. Sofort machten sich die Folgen bemerkbar. Jan Matthys verließ am 5. April 1534, dem Ostertag, die Stadt, vielleicht um die Soldaten des Bischofs mit Gottes Hilfe zum Abzug zu bewegen. Kurz danach wurde der Unbewaffnete jedoch sofort getötet. Damit begann der Aufstieg Jan Bockelsons, eines gelernten Schneiders, späteren Fernkaufmanns und Schankwirts aus dem niederländischen Leiden, wegen dieser Herkunft oft Jan van Leiden genannt. Seine Mutter stammte aus Darup bei Coesfeld. Im Januar 1534, wenige Wochen vor Jan Matthys, tauchte er in Münster auf. Seit Februar, auch noch vor dessen Ankunft, war er als Prophet anerkannt. Jan van Leiden, der später zum „König des Neuen Jerusalem“ aufstieg, verstand es geschickt, zwischen Einheimischen und Auswärtigen zu vermitteln und so seine Führungsrolle zu gestalten. Zeitzeugen sahen in ihm von Anfang an die eigentliche Kraft hinter der Glaubensbewegung.

Jan van Leidens Herrschaftsbeginn war erfolgreich, wussten sich doch die Einwohner gegen die Truppen des Bischofs zu behaupten. Zur Sicherheit hatte man die Befestigung an einigen Stellen weiter ausgebaut. Jedenfalls konnte der erste Angriff am 25. Mai 1534 abgewehrt werden. Unter den Landsknechten zählte man etwa 200 Gefallene, aufseiten der Verteidiger 50. Im militärischen Erfolg gegen die Belagerer wollte Jan van Leiden ein

Zeichen des Himmels erblickt haben. Der weiteren göttlichen Gnade suchte er sich jetzt durch die Herbeiführung biblischer Urzustände zu versichern und ebnete den Weg zu einer religiös legitimierten Ordnung. Dies war aber vermutlich nicht seine alleinige Idee. Bürgermeister und Rat hatte er bereits im April abgelöst und die Stadtherrschaft auf zwölf Männer übertragen, die fortan als die Ältesten der zwölf Stämme Israels das Volk regieren sollten. Sechs davon waren Auswärtige. Zugleich setzte er die Gildeordnung außer Kraft. Bei der Umgestaltung verdrängte Jan van Leiden Bürgermeister Knipperdollinck. Er ernannte ihn zum Schwertführer und übertrug ihm die Verantwortung für die Ordnungsaufsicht.

Eine weitere Neuerung betraf die im Juli 1534 von Jan van Leiden oktroyierte Eheordnung, die mehrfache Verbindungen erlaubte und unter anderem auf alttestamentlichen Vorbildern gründete. Nur Männer durften mehrfach ehelichen, aber nicht Frauen, von denen sich einige erfolgreich dagegen zur Wehr setzten. Ehezwang duldete man nicht. Gegen die neue Regelung regte sich größerer Widerstand. Ende Juli 1534 begehrten 200 Bürger und in die Stadt übergelaufene Landsknechte unter der Führung des Schmieds und früheren Gildeführers Heinrich Mollenhecke auf. Sein Aufstand scheiterte. Zusammen mit 46 Verschwörern wurde er hingerichtet. Jan van Leiden ehelichte nach und nach 16 Frauen, darunter als Erste die Witwe von Jan Matthys. Bei der Mehrehe ging es gleichfalls um die Überwachung der etwa 2.000 bis 3.000 zuvor alleinstehenden Frauen, deren Männer der Stadt den Rücken gekehrt hatten. Ferner spielte der Versorgungsaspekt bei der zunehmenden Lebensmittelknappheit eine Rolle. Schätzungen zufolge gab es unter den 8.000 bis 9.000 Bewohnern rund 5.000 Frauen.

Das Kriegsglück hielt an. Die zweite Attacke am 31. August konnte ebenfalls abgewehrt werden, wenn auch nur knapp. Rund 8.000 Angreifer sahen sich nicht imstande, die Stadt einzunehmen. Zu deren Abwehr hatten die Täufer die Türme von Martini- und Überwasserkirche nach Entfernung ihrer Hauben als Geschütz- und Beobachtungsstände ausgebaut und damit einen strategischen Vorteil erlangt. Im Lager der Angreifer gab es große Verluste, angeblich 3.000 Landsknechte – Tote, Verwundete und Fahnenflüchtige. Das Heer des Bischofs befand sich in Auflösung. Die ihm zur Seite stehenden Fürsten, der Landgraf v. Hessen, der Herzog v. Jülich-Kleve und der Kölner Kurfürst, billigten angesichts fehlender Truppen im Dezember 1534 den Vorschlag des neuen militärischen Oberbefehlshabers Wirich v. Daun, die Stadt auszuhungern.

Kurze Zeit nach dem zweiten Angriff der Belagerer ließ sich Jan van Leiden zum König ausrufen. Dabei schwebte ihm vermutlich die Wiederherstellung biblischer Zustände nicht nur in Münster, sondern sogar weltweit vor. Hierauf deutete sein Herrschaftszeichen hin, ein von zwei Schwertern durchkreuzter Reichsapfel, das Symbol für geistliche und weltliche Macht. Er trug es als Kettenanhänger. Sein Auftreten orientierte sich an weltlichen Vorbildern und ahmte Symbolik und Zeremoniell damaliger Fürstenhöfe nach. Er inszenierte sich prachtvoll in seiner Residenz, der Bürenschen Kurie am Domplatz – hinter der späteren Hauptpost – und umgab sich mit einem über 100 Personen zählenden Hofstaat. Herausragende Funktionen kamen dem königlichen Rat zu. Ihm gehörten vier Vertraute des Königs an, darunter der frühere Pastor von Gildehaus bei Bentheim, Bernd Krechting. Prunk und Herrschaftsanspruch sollten außerdem Zuversicht verbreiten.

Mit Antritt der Königsherrschaft hatte Jan van Leiden auch die nominelle militärische Führung und die Gerichtsbarkeit übernommen. Er vollstreckte eigenhändig mehrere Todesurteile, darunter eines gegen eine seiner Ehefrauen. Elisabeth Wandscherer hatte es gewagt, den geltenden Gesetzen zuwiderzuhandeln, und Geld in ihre Kleidung eingenäht, bevor sie die Stadt verlassen wollte. Insgesamt dürften 1534/35 rund 80 Personen von den Täufern hingerichtet worden sein. Allerdings hatte Franz v. Waldeck früher gleichfalls zahlreiche Todesurteile vollstrecken lassen, zum Teil ohne vorheriges Verfahren.

Als Befreiungsschlag war im Oktober 1534 die Entsendung von Täuferboten in die benachbarten Städte Warendorf,

Am 22. Januar 1536 wurden die Oberhäupter der Täufer auf dem Prinzipalmarkt hingerichtet. Mit der historischen Wirklichkeit hat die Szene nichts gemein, wie man an den Soldaten mit Uniformen aus der Zeit Friedrichs des Großen erkennen kann.

Coesfeld, Soest und Osnabrück gedacht. Sie sollten dort und in weiteren Orten auf die Verbreitung des Täufertums hinwirken, wurden jedoch verhaftet und hingerichtet. Im Dezember 1534 machte sich die inzwischen unter den Folgen der Belagerung schwer leidende Stadt daran, bewaffnete Hilfe zu suchen. Boten sandte man in die Maasgegend, nach Holland und Friesland. Dadurch fühlten sich Teile der niederländischen Täufer aufgefordert, Münster in der Not nicht allein zu lassen. Ihre Gruppen wurden aber aufgelöst und zum Teil militärisch zerschlagen. Die letzten Boten, die um Hilfe nachsuchten, machten sich im März 1535 auf den Weg.

Wiederum umstellten seit November 3.000 Soldaten Münster. Unter Berufung auf Gottes Hilfe appellierte der König zum Durchhalten. Die der Bevölkerung auferlegten Einschränkungen nahmen zu. Privates Backen und Brauen war schon gegen Ende 1534 verboten worden. Brot und Bier kamen nunmehr aus einer Hand und wurden gemeinsam verteilt. Die Taktik der Belagerer, den Feind durch Aushungern niederzuringen, zeigte Erfolg. Die Einwohner verfügten seit April 1535 nur noch über wenige Lebensmittel, die Hungersnot verschlimmerte sich von Tag zu Tag. In der Nacht vom 24. zum 25. Juni 1535 brach mit Hilfe zweier Überläufer, die den Angreifern am Kreuztor den Weg in die Stadt gewiesen hatten, das Täuferreich schließlich zusammen. Etwa 600 Anhänger verloren bei den Kämpfen am 25. Juni in einem Akt unvorstellbarer Grausamkeit ihr Leben. Selbst jene, die freiwillig ihre Waffen niedergelegt hatten, entgingen nicht diesem Schicksal. Einige führende Köpfe, darunter Rothmann, konnten entkommen. Zur Aufrechnung Anfang Juli gehörte auch die Hinrichtung mehrerer Frauen und die Ausweisung jener, die der Lehre der Täufer nicht abschworen. Jan van Leiden, sein Statthalter Bernd Knipperdollinck und sein Rat Bernd Krechting waren den Landsknechten lebend in die Hände gefallen. Nach längerer Gefangenschaft, in der sie ausführlich befragt und auf höhere Weisung hin von dem Soester Kupferstecher Heinrich Aldegrever porträtiert wurden – van Leiden im ausdrucksstarken Profil und im Königsornat –, fiel das längst feststehende Todesurteil. Am 22. Januar 1536 fand ihre Hinrichtung auf dem Prinzipalmarkt statt. Zur Abschreckung steckte man die Leichen in drei eiserne Körbe – auch Käfige genannt – und befestigte diese am Turm der Lambertikirche. Es handelt sich bis heute um die Originale. Ein Dortmunder Schmied hatte sie angefertigt.

Zur Abschreckung steckte man die Leichen Jan van Leidens, Bernd Knipperdollincks und Bernd Krechtin[gs] in drei eiserne Körbe und befestigte d[iese] am Turm der Lambertikirche. Überre[ste] sollen noch Jahrzehnte später zu seh[en] gewesen sein.

Rückkehr zur alten Ordnung: **Münster bleibt katholisch**

Nach der Unterwerfung erwartete die Stadt ein hartes Strafgericht. Das Eigentum der Täuferanhänger wurde konfisziert und wieder den früheren Besitzern zurückgegeben. Ferner ordnete Waldeck an allen Kirchen die Wiedereinführung des katholischen Bekenntnisses an. Ungnädig ging er auch mit den städtischen Institutionen um und hob im April 1536 ihre in Jahrhunderten zuvor erkämpften Rechte auf, darunter die jährliche Ratswahl. Zwölf Angehörige „bewährter" Erbmännerfamilien und zwölf „angesessene" wohlhabende Bürger berief er auf Lebenszeit in das Gremium. Damit gewannen die ehedem führenden Schichten ihren Einfluss zurück. Zur Genehmigung der Ratsbeschlüsse stellte der Fürstbischof dem Rat einen Statthalter zur Seite. Die Gilden blieben vorläufig aufgelöst. Erst 1553 sollte es zur Wiederzulassung der Ratswahl kommen. Daneben ließ der Bischof die Festungsanlagen beim Ein- sowie beim Austritt der Aa, darunter den bis auf den heutigen Tag erhaltenen Zwinger in der Nähe der Kanalstraße, militärtechnisch in der Weise umbauen, dass sie unter Umständen gegen die Stadt eingesetzt werden konnten. Gleiches geschah mit dem Neuwerk in der Nähe der Westerholtschen Wiese am Paulinum. Die Maßnahmen dienten dem Ziel, sich die Herrschaft über Münster dauerhaft zu sichern. Der enttäuschende Erlös aus dem Verkauf des beschlagnahmten Täufereigentums machte die Vollendung der Pläne zunichte.

Die Wirkung der Strafmaßnahmen dauerte nicht lange an. Bereits 1539 besaß Münster wieder die Aufsicht über einige Stadttore. Waldeck gab sich aber nicht allein wegen seiner pekuniären Notlage so gnädig. Zeitweise hatte er mit dem Gedanken gespielt, das Bistum in ein erbliches protestantisches Fürstentum umzuwandeln, was jedoch auf den entschlossenen Widerstand des Domkapitels stieß. Schon im August 1541 hatte der Bischof der Stadt als Gegenleistung für finanzielle Unterstützung im Kampf gegen benachbarte Territorien ihre Selbstverwaltungsrechte weitgehend zurückgegeben. Auch die Gilden ließ er wieder zu, ohne allerdings deren politisches Mandat zu bestätigen. Als „Ämter" standen sie unter der Kontrolle des Rats, und selbst die Vorsteher wurden von diesem bestimmt. Ihrem wachsenden Einfluss innerhalb der lokalen Führungsschicht stand dies jedoch nicht im Weg. Die wohlhabenden Mitglieder der Gilden konnten sich in der Folge sogar auf Kosten der Erbmännerfamilien vorteilhaft positionieren. Letztere hatten ihr Mandat vielfach längst gegen ein gutsherrliches Leben eingetauscht, waren sogar geadelt worden, und residierten auf ihren rund um die Stadt gelegenen Landsitzen, unter anderem auf Alvinghoff, Brock, Brückhausen, Dyckburg, Hülshoff, Kaldenhof, Lütkenbeck, Nevinghoff, Nünning, Ruhr, Sentmaring, Stevern, Uhlenbrock, Vögeding und Wilkinghege.

1553, nach der Wiederherstellung der ehemaligen Rechtszustände in Münster, die 1561 kaiserlicherseits bestätigt wurden und der Stadtverfassung in den kommenden 100 Jahren Halt geben sollten, handelten Rat und Gilden ein neues Wahlverfahren zum Stadtrat aus. Dabei sicherten Letztere sich weitreichende Kontrolle. Der personelle Zuschnitt der Ratsmitglieder sollte sich hingegen langfristig verändern. An die Stelle der Erbmänner, deren Zahl von Mitte des 16. bis Mitte des 17. Jahrhunderts im 24-köpfigen Rat von jeweils ungefähr acht auf jeweils etwa drei Vertreter zurückging, traten zunächst vermehrt Gildebürger und nachfolgend vor allem Angehörige der juristisch gebildeten bürgerlichen Akademikerschicht. Für die Ratsarbeit brachte sie die besten Voraussetzungen mit.

Trotz Rückkehr zur alten Ordnung wirkten die Verwerfungen der Täuferherrschaft noch lange nach. Das offenbarte sich vor allem in der Bevölkerungsentwicklung. 1535 zählte die Stadt etwa 3.000 bis 4.000 Einwohner, 6.000 weniger als einige Jahre zuvor. Erst 1590 waren es wieder 9.000 bis 10.000. Selbst auf wirtschaftlichem Gebiet dauerte es 25 Jahre, ehe die städtischen

Einnahmen den Stand von 1533 wieder erreicht hatten. Trotzdem mündete die zweite Hälfte des 16. Jahrhunderts in eine positive Phase, die im Übrigen von wachsender lokaler Nachfrage profitierte. Dazu trug auch die zwischen 1571 und 1574 durch Bischof Johann v. Hoya veranlasste Ansiedlung bischöflicher Behörden und Gerichte bei. Er sorgte dafür, dass zugleich mit der 1571 beschlossenen Landgerichtsordnung eine umfassende Reform der Justizverwaltung stattfand. Am Domplatz, dort, wo sich heute das Gebäude der Bezirksregierung befindet, hatte fortan die Hofkammer, die zentrale Verwaltung, ihren Sitz. Hier war außerdem die Steuerverwaltung untergebracht.

Ungelöst blieben religiöse Fragen. Obwohl einzig der katholische Gottesdienst zugelassen war, gab es in der Stadt wieder Lutheraner. Dem jahrzehntelangen friedlichen Zusammenleben stand dies nicht im Wege. Münster galt als überkonfessionelle Stadt. Zum einen sympathisierten die Nachfolger des bis 1553 regierenden Franz v. Waldeck teils mehr, teils weniger mit der Reformation. Zum anderen scheuten sie sich, die lehrmäßigen Abgrenzungen und die nachfolgenden Reformbestrebungen des von 1546 bis 1563 mit längeren Unterbrechungen tagenden Konzils von Trient umzusetzen. Es herrschte deshalb eine allgemeine Unsicherheit, zumal die Grenzen zwischen den Konfessionen noch fließend waren. Vor allem auf katholischer Seite wurden der ungenügende Bildungsstand und die Disziplinlosigkeit der Kleriker gerügt. Nicht wenige hatten sich über das Gebot des Zölibats hinweggesetzt. Als Bischof Johann v. Hoya 1571 eine Kirchenvisitation des Bistums anordnete, stellte man fest, dass viele Geistliche dem protestantischen Glauben anhingen.

Obwohl Münster seit der Mitte des 16. Jahrhunderts wiederholt kurz davor stand, sich endgültig der Lehre Luthers zuzuwenden, wusste dies das Domkapitel stets zu verhindern. Dessen Wortführer war Domdechant Gottfried v. Raesfeld. Als er 1586 starb, hinterließ er dem Jesuitenorden die hohe Summe von 30.000 Talern. Damit sollte nach seinem letzten Willen in der Stadt ein Kollegium des Ordens errichtet werden. Zwei Jahre später wurde es bereits eingeweiht, und kurz danach übernahmen Jesuiten den Unterricht an der paulinischen Domschule. Damit wurden zugleich die nichtkatholischen Lehrer verdrängt. 1592 zählte die Einrichtung schon über 1.000 Schüler, von denen viele aus dem Umland stammten. Das alles geschah unter wohlwollender Förderung des Fürstbischofs Ernst v. Bayern, was wiederum den Argwohn des Rats weckte.

Durch überlegene Lernmethoden, besonders in der Vermittlung theologischen Wissens, und beträchtlichen Einfluss auf die lokale Buchproduktion gelang es den Jesuiten bald, eine strenggläubige katholische Elite, namentlich für den eigenen Nachwuchs, heranzubilden und in zwei Jahrzehnten die Rekatholisierung abzuschließen. Münster entwickelte sich zum wichtigsten Vorposten der Gegenreformation in Nordwestdeutschland. Äußerlich sichtbarstes Zeichen ihrer Präsenz war die von 1590 bis 1597 errichtete dreischiffige Petrikirche, einer der letzten großen Kirchenbauten der inzwischen von Renaissanceeinflüssen geprägten Spätgotik in Deutschland.

Der strenge Kurs der Jesuiten war von der weitgehend widerstandslos hingenommenen Verdrängung Andersgläubiger geprägt. 1605 bekannten sich immerhin noch neun der 24 Ratsherren zum Protestantismus. 1628 gab der Rat dem Verlangen des seit 1612 amtierenden Fürstbischofs Ferdinand v. Bayern nach und wies die protestantischen Bürger aus der Stadt. Deren Stellung war durch landesherrliche Verordnungen, sie etwa nicht zur Ratswahl zuzulassen oder ihnen das kirchliche Begräbnis zu verweigern, ohnehin schon geschwächt. Während der Regierungszeit Ferdinands bis 1650 wurde zunächst das Niederstift, um Meppen, Cloppenburg und Vechta, rekatholisiert. Mit dem Sieg der kaiserlichen Truppen über das Heer des Herzogs Christian v. Braunschweig bei Stadtlohn 1623 setzte sich auch im Oberstift der Katholizismus wieder durch. Im protestantischen Adel des Münsterlands begann erst 1650 die durchgreifende Konversion zum Katholizismus.

Mit der Weichenstellung in Richtung Gegenreformation seit 1570 ging eine Stabilisierung der obrigkeitsstaatlichen Strukturen einher. Sie äußerte sich in einer zunehmenden Bürokratisierung, mehr aber noch in der Schaffung neuer Institutionen. Dazu gehörten Vorschriften im Alltag wie der Erlass einer Polizeiordnung und die Einführung eines neu gefassten Bürgereids. Letzterer verpflichtete neue Einwohner zum Gehorsam gegenüber Bürgermeistern und Rat und auch dazu, sich von Aufruhr und Geheimbünden fernzuhalten.

Ende des Dreißigjährigen Kriegs: **Münster schreibt europäische Geschichte**

Obwohl sich die Vertreter der verfeindeten Mächte schon Ende 1641 in Hamburg auf Münster und Osnabrück als Tagungsorte für einen Friedenskongress geeinigt hatten, da sie auf halbem Weg zwischen Köln und Hamburg und nicht weit entfernt voneinander lagen, sollte es dennoch bis 1645 dauern, ehe die Verhandlungen starteten. Für beide Städte sprach zudem die Unversehrtheit, obwohl Münster aus dem Konflikt nicht ganz ungeschoren hervorgegangen war. Einquartierungen und Kontributionen hatten das Münsterland und seine Hauptstadt verarmen lassen, erschienen aber glimpflich verglichen mit dem Schicksal anderer deutscher Landstriche. Überdies wollten Frankreich und Schweden durch die räumliche Trennung Rangstreitigkeiten aus dem Weg gehen. Nicht zuletzt lehnte es die Römische Kurie ab, mit den protestantischen Mächten, die sie nicht anerkannte, direkt zu verhandeln. In Osnabrück sollte der Kaiser mit den protestantischen Reichsständen und Schweden, in Münster mit Frankreich konferieren. Außerdem nahmen dort die niederländischen Generalstaaten Gespräche mit Spanien auf, um den nahezu 80-jährigen Konflikt zu beenden. In Münster ging es also um die europäische, in Osnabrück um die deutsche Friedensordnung und um den Religionsfrieden.

Für die rund 11.000 Einwohner brachte der Kongress erhebliche Veränderungen mit sich, positive wie negative. So mussten bei den ohnehin nicht großzügig bemessenen Wohnverhältnissen noch einmal rund 5.000 Gäste aufgenommen werden, vorwiegend die Entourage der Spitzendiplomaten. Allein der französische Gesandte Claude de Mesmes Comte d'Avaux umgab sich mit 200 Bediensteten. Ferner wurde eine 1.200 Mann starke Sicherheitswache stationiert, die unter dem Kommando des kaiserlichen Obristen Johann v. Reumont stand. Alle hat-

Bei den Verhandlungen zur Beendigung des Dreißigjährigen Kriegs von 1645 bis 1648 sprachen die Diplomaten in Münster nicht direkt miteinander, sondern über zwei Vermittler. Einer von ihnen war der venezianische Gesandte Alvise Contarini.

ten sich einzuschränken, zumal die Herbergen für Durchreisende freigehalten werden sollten. Die begehrtesten Liegenschaften waren bald vergeben. Französische Diplomaten hatten schon 1643 die Stadt inspiziert, um sich nach geeigneten Unterkünften umzusehen. Sie schienen von dem, was vorhanden war, nicht begeistert gewesen zu sein. Insgesamt zählte man während des Kongresses über 200 Gesandte, darunter Vertreter von Großmächten ebenso wie Bürgermeister von Reichsstädten.

Negativ machte sich bei erhöhter Nachfrage nach Lebensmitteln der rapide Preisanstieg bemerkbar. Obwohl der Rat feste Beträge für Fleisch vorgab und Kontrollen durchführte, konnte er nicht verhindern, dass Münster zu einem der teuersten Orte Europas aufstieg. Auf der positiven Seite stand die Aufwertung der Stadt, die der Kaiser 1643 für neutral erklärt hatte. Zugleich erhielt sie in Rechtsfragen zusätzliche Kompetenzen. Nicht zuletzt sonnte sich die Bürgerschaft im Glanz, Mittelpunkt des Kontinents geworden zu sein, was sich auch in wirtschaftlicher Hinsicht positiv bemerkbar machte.

Die Aussicht auf einen zügigen Frieden trübte sich hingegen rasch ein. Das hing zum einen mit dem ungehemmten Fortgang des Kriegs und den damit verbundenen taktischen Erwägungen zusammen – jede Partei suchte sich noch Vorteile zu sichern –, zum anderen mit dem Tagungsprozedere selbst. Während in Osnabrück die Gespräche dem bewährten, gleichwohl umständlichen Verfahren bei Reichstagen folgten und Kaiserliche und Schweden direkt verhandelten, redeten die Diplomaten in Münster nicht miteinander, sondern tauschten ihre Positionen schriftlich über zwei Vermittler aus, den päpstlichen Gesandten Fabio Chigi und den Vertreter Venedigs, Alvise Contarini. Immerhin erfreuten sich beide bald des Vertrauens der verfeindeten Parteien. Allein Fabio Chigi soll 800 solcher Sitzungen geleitet haben.

Neben der aufwändigen Pendeldiplomatie verhinderte die fortwährende Rückversicherung der Gesandten mit ihren Hauptstädten den Fortgang. Tatsächlich verfügten nur wenige Diplomaten über eine weitreichende Handlungsvollmacht, darunter der Vertreter des Kaisers, sein „Außenminister" Maximilian Graf v. Trauttmansdorff. So dauerte der Briefverkehr zwischen Münster und Paris auf dem Hin- und Rückweg mindestens zehn, nach Madrid nahezu 40 Tage, eine Zeitspanne, in der sich zudem die Lage auf den Kriegsschauplätzen möglicherweise schon wieder verändert hatte und der betreffende Sachverhalt überholt war. Jedenfalls konnte sich das 1643 am Prinzipalmarkt eingerichtete Reichspostamt über mangelnde Arbeit nicht beklagen.

Das Leben der Gesandten und ihrer Mitarbeiter wurde nicht nur von Verhandlungen geprägt. Der auf die Stadt fallende internationale Glanz einer an höfisches Leben gewöhnten Elite brachte prachtvolle Auftritte mit sich. Empfänge, Musik-, Tanz-, Ballett- und Theaterveranstaltungen lösten einander ab. Hierbei bot sich auch die Chance, der Kongressöffentlichkeit politische Ziele zu vermitteln und den eigenen Friedenswillen zu demonstrieren. Der Rat ließ reichlich fahrendes Volk in seine Mauern, darunter Akrobaten, Komödianten und Musiker. Aber nicht alle Abgesandten, vor allem nicht jene aus Südeuropa, fühlten sich in dem regenreichen Landstrich wohl. In Aufzeichnungen klagten sie über ungewohnte und schwer verdauliche Mahlzeiten, über gesundheitliche Probleme sowie nicht zuletzt über den vielfach ländlich anmutenden Charakter der Stadt. Dem spanischen Hauptgesandten Peñeranda blieb sie zuwider, und er bezeichnete sie als teuersten Ort Deutschlands.

Beschwörung des Niederländisch-Spanischen Teilfriedens am 15. Mai 1648 in der Ratskammer des Rathauses, dem späteren Friedenssaal. Links erkennt man die Gesandten der niederländischen Provinzen, rechts die Vertreter Spaniens.

Im September 1646 kam Bewegung in den Kongress, nachdem sich der kaiserliche Chefunterhändler Graf Trauttmansdorff mit Frankreich über dessen territoriale Ansprüche geeinigt hatte. Angesichts der immer kritischer werdenden militärischen Lage des Kaisers war ihm nichts anderes übrig geblieben. Zugleich nahmen die Gespräche zwischen Spanien und den Niederlanden Ende 1646 ein glückliches Ende. Am 8. Januar 1647 zog Madrid gegen massiven französischen Widerstand einen Schlussstrich unter den nur von 1609 bis 1621 unterbrochenen, aber schon seit 1568 andauernden Konflikt. Der spanische Gesandte hatte Weisung erhalten, die Unabhängigkeit und Souveränität der Generalstaaten anzuerkennen. Am 30. Januar 1648 wurde der

Friedensvertrag im Krameramtshaus unterzeichnet und am 15. Mai in der Ratskammer, danach „Friedenssaal“ genannt, beschworen.

Am 24. Oktober 1648 konnte schließlich der aus 120 Paragraphen bestehende und in Latein verfasste „Westfälische Friede“ unterzeichnet werden. Dies geschah jedoch nicht in der Ratskammer, sondern im Falle der wichtigsten Verhandlungspartner in deren Unterkünften. Die übrigen Bevollmächtigten leisteten ihre Unterschriften im Fürstenhof, der bischöflichen Verwaltung am Domplatz. Am folgenden Tag wurde der Friede feierlich verkündet. Die wesentlichen Artikel des Vertrags überdauerten in ihren religiösen und politischen Bestimmungen die Zeit bis zum Ende des Heiligen Römischen Reichs Deutscher Nation zu Beginn des 19. Jahrhunderts.

Die Namen der Diplomaten sind längst vergessen. Nach einigen, die Schlüsselfunktionen innehatten, darunter Graf Trauttmansdorff oder der Basler Bürgermeister Johann Rudolf Wettstein, benannte man Straßen oder Brücken. Trauttmansdorff erhielt 1841 durch das Aufstellen seiner Büste in der Walhalla bei Regensburg noch eine ausgesuchte Würdigung. Selbst Fabio Chigi, der Vertreter der Kurie, wäre im Dunkel der Geschichte verschwunden, wenn er nicht als Papst Alexander VII. von 1655 bis 1667 regiert und daneben durch sein lyrisches Talent – in lateinischer Sprache – von sich reden gemacht hätte. Obwohl Gelegenheitsschöpfungen, sind seine 1656 in Paris erschienenen münsterschen Beobachtungen amüsant zu lesen. „... Ist es unsagbar schwer, die Völker zum Frieden zu bringen, und die Ufer der Aa verließ ich verbittert als Letzter ...“, fasste er sichtlich resigniert zusammen.

Das europäische Großereignis hatte zugleich berühmte Maler angezogen. Der bekannteste war Gerard Terborch, der 1646 mit den Diplomaten der Niederlande anreiste und in der Stadt zwei seiner bemerkenswertesten Werke schuf, darunter jenes, das Adriaan Pauw, Bevollmächtigter für Holland und Westfriesland, mitsamt seiner Familie beim Einzug zeigt. In einem weiteren Bild hielt er die Beschwörung des Spanisch-

Kurz nach dem Abschluss des Westfälischen Friedens am 24. Oktober 1648 verbreitete ein Flugblatt, auf dem ein Postreiter abgebildet ist, die erlösende Nachricht von der Unterzeichnung des Vertrags.

Niederländischen Friedens vom 15. Mai 1648 fest, eine der bedeutendsten Historiendarstellungen des 17. Jahrhunderts. Der zweite Maler von Rang, den es nach Münster zog, war gleichfalls niederländischer Herkunft. Anselm van Hulle aus Gent, Hofmaler des Prinzen v. Oranien, porträtierte über 100 Gesandte und ließ seine Bilder danach durch bekannte Antwerpener Kupferstecher vervielfältigen. Bei den 34 heute im Friedenssaal zu sehenden Gesandtenporträts handelt es sich um Kopien nach Vorlagen Hulles, geschaffen von dem niederländischen Maler Jan Baptista Floris, seinem engen Mitarbeiter. Sie wurden vom Rat bezahlt und bilden die wichtigsten Delegationen ab, während die Osnabrücker Friedensgalerie auf Schenkungen der Gesandten selbst zurückgeht und vor allem Vertreter der deutschen Fürsten und Städte zeigt. Am 15. April 2015 zeichnete die Europäische Kommission in Brüssel das Rathaus als „Stätte des Westfälischen Friedens" mit dem Europäischen Kulturerbe-Siegel aus. Zusammen mit seinem Osnabrücker Pendant ehrte man damit beider Rolle in der europäischen Geschichte.

Geltungsverlust im Absolutismus: **Münster beugt sich den Landesherren**

Für Münster verlief die Zeit nach dem Friedenskongress unfriedlich. Das gestärkte Selbstbewusstsein vertrug sich nicht mit dem Herrschaftsanspruch des neuen, 1650 an die Macht gelangten 44-jährigen Fürstbischofs Christoph Bernhard v. Galen. Mit der Wahl des münsterschen Domherrn hatte die seit Jahrzehnten bestehende Bindung an das Kurfürstentum Köln ein Ende gefunden. Der bedingungslose Verfechter der absolutistischen Staatsdoktrin, deren Wesen in der zentralen Bündelung aller Amtsgeschäfte durch den Herrscher lag, wollte die Interessen und Rechte der Städte brechen. Gegen Münster ging er massiv vor, ließ es mehrfach belagern und unterdrückte 1661 nach seiner Unterwerfung die bürgerliche Selbstverwaltung mit harter Hand. Demgegenüber war Galen und seinen Nachfolgern das Wohl der Untertanen nicht gleichgültig. Alle griffen in das Sozialgefüge ein, regelten Seuchenbekämpfung – 1666/67 war der letzte Ausbruch der die Stadt seit Jahrzehnten immer wieder heimsuchenden Pest – und Krankenfürsorge, kümmerten sich um die Stadtreinigung und die Anlage neuer Friedhöfe.

Der Fürstbischof, seit Studientagen mit der neuen politischen Ausrichtung bestens vertraut, dazu militanter Gegner von Lutheranern und Calvinisten, stand bei Amtsantritt jedoch vor schwierigen Aufgaben. Große Teile des Bistums waren noch von fremden Soldaten besetzt und seinem Einfluss entzogen. Seine Stellung schien also alles andere als gefestigt. Immerhin gelang es ihm, dieses Problem kurzfristig zu lösen. Ein anderes blieb: Galen verlangte von Münster die Aufnahme von Soldaten. Die Militärhoheit hatte freilich immer beim Rat gelegen, der die Forderung rundweg abschlug. Galens Versuch, die Stadt danach im Handstreich zu überrumpeln, scheiterte. Daraufhin vereinbarte man Ende Februar 1655 einen Kompromiss: 500 Soldaten

Von 1650 bis 1678 regierte Fürstbischof Christoph Bernhard v. Galen mit harter Hand. Er belagerte die Stadt mehrfach und rang sie 1661 endgültig nieder. Um die Einwohner gefügig zu machen, hatte er die Stadt überschwemmen lassen.

wurden in die Stadt verlegt. Aus Sicherheitsgründen nahm sie der Rat unter Eid.

Wenig später suchte Münster aus der Abmachung wieder herauszukommen – vergeblich, der angerufene Kaiser lehnte ab. In seinem anhaltenden Bestreben nach Unabhängigkeit ließ sich der Rat gleichwohl nicht beirren und suchte nach einem Bundesgenossen. Diesen fand er in dem einflussreichen niederländischen Staatsmann Jan de Wit aus Dordrecht. Als der Fürstbischof von den Verhandlungen erfuhr, ordnete er nach dem Tod Kaiser Ferdinands III. am 2. April 1657 sofort die Belagerung Münsters für Ende August an und begann im September mit der Beschießung. Dabei standen die Kurfürsten von Köln, Mainz und Trier sowie der Herzog v. Jülich-Berg an seiner Seite. Die Stadt, die zum Teil schwer getroffen wurde, verteidigte sich acht Wochen mit Erfolg. Zu einem der wichtigsten Gegenspieler Galens schwang sich Bürgermeister Johannes Timmerscheidt auf. Das gewaltsame Vorgehen, das selbst unter seinen Anhängern umstritten war und zu Protesten des Adels geführt hatte, rief wenig später niederländische Truppen auf den Plan. Allein ihr Aufmarsch genügte, um den Fürstbischof zum Nachgeben zu bewegen.

Vorteile gewann danach keine Partei. Galens Handlungsspielraum blieb angesichts des drohenden niederländischen Einmarschs eingeschränkt, aber auch Münster wartete vergeblich

Ansicht Münsters vor und während der Beschießung durch Fürstbischof Galen 1657. Sie zeigt die wehrhafte Stadt, durch Schanzen, Wälle und Gräben geschützt, und die Beschießung durch die Kanonen des Bischofs.

auf den Abschluss des Bündnisses mit dem Nachbarland. Auf Initiative des Landesherrn untersagte Kaiser Leopold I. der Stadt Bündnisgespräche mit ausländischen Mächten. Inzwischen hatte sich erneut der Belagerungsring geschlossen. Trotzdem baute der Rat weiter auf niederländische Hilfe. Obwohl die Generalstaaten große Sympathie für die Bedrängten hegten, scherte 1659 ausgerechnet die Provinz Holland, Heimat des einstigen Retters Jan de Wit, aus dem Reigen der Bündnisbefürworter aus. Man wollte wegen Münster keinen Konflikt mit dem Kaiser riskieren. Damit schien das Schicksal der Stadt besiegelt. Ein Jahr später

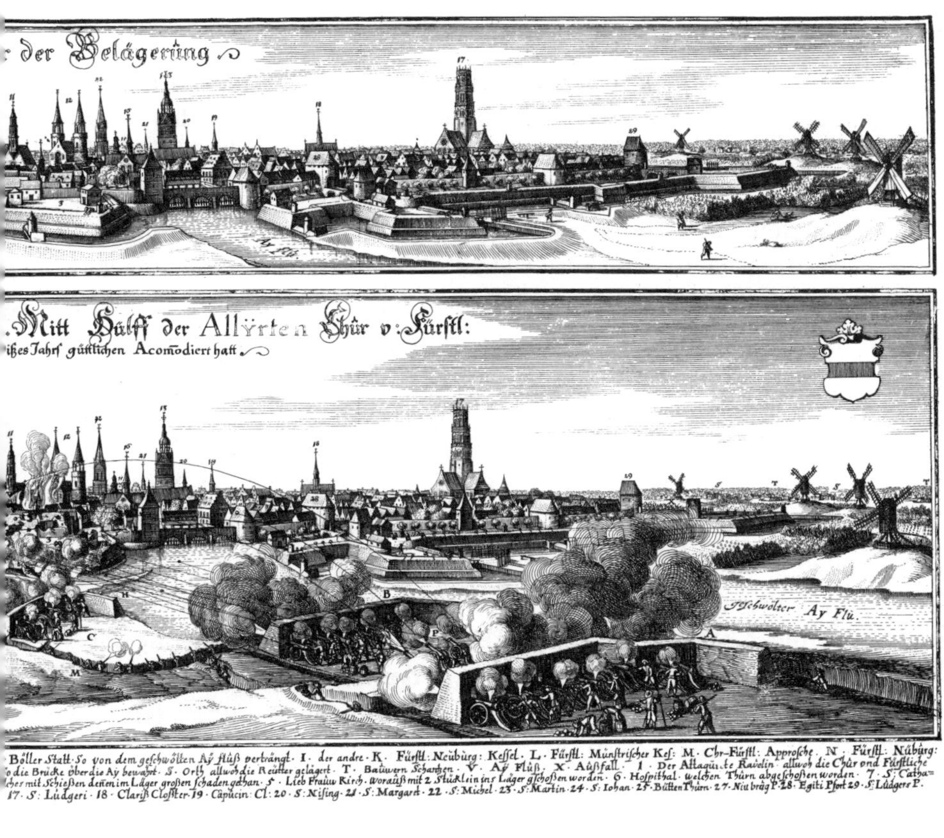

nahmen bischöfliche und kaiserliche Truppen die Belagerung erneut auf. Am 26. März 1661 gab die Stadt ihren Widerstand auf und akzeptierte das Recht des Fürstbischofs, darin Soldaten zu stationieren. Ferner verzichtete man auf Verhandlungen mit auswärtigen Staaten. Um den Rat vorab gefügig zu machen, hatte Galen die Aa stauen lassen, so dass Teile Münsters überschwemmt wurden.

Im Juli rückte er als Triumphator ein. Einen Monat später entließ er den Rat und ernannte dessen Mitglieder künftig selbst. Auch die Gilden verloren ihre Mitspracherechte. Damit endete ihr politischer und wirtschaftlicher Einfluss endgültig, mehr noch: In der Bürgerhalle des Rathauses nahm zur besseren Überwachung der Einwohner künftig die Hauptwache des Militärs ihren Sitz. Zu deren Schutz war eigens ein Palisadenzaun um das Rathaus errichtet worden. Des Weiteren wurde die Stadt zu einer „Übergabesumme“ von 45.000 Reichstalern gezwungen sowie das Finanz- und Steuerwesen fürstbischöflicher Kontrolle unterstellt. Die schlimmste Demütigung leitete aber der Ende April 1661 begonnene Bau der gewaltigen Festung, der „Paulsburg“, ein. Von der sternförmigen Anlage mit Gräben, Wällen und Schanzen, deren Ausmaß noch heute im Grenzverlauf des Schlossgartens zu erkennen ist, hätte der Fürstbischof im Fall des Falles freies Schussfeld auf Münster gehabt. 1764 legte man die mächtige Bastion für die Anlage des Schlosses nieder.

Der Niederlage folgte ein weiteres Fiasko. Waren die Finanzen schon während der Friedensverhandlungen von 1645 bis 1648 über Gebühr strapaziert worden, so stand Münster jetzt vor dem endgültigen Ruin. Der Kampf gegen Galen hatte dazu nicht weniger geführt als die von ihm danach auferlegten Strafgelder. Obendrein mussten die Bürger für den Unterhalt der rund 2.200 einquartierten Soldaten – ein Fünftel der Gesamtbevölkerung – aufkommen. Zusammen mit ihren Familien dürften es etwa 4.000 Personen gewesen sein. Da es keine Kasernen gab, wurden sie in Bürgerhäusern untergebracht. Handel und Gewerbe lagen darnieder, und die Zahl der Einwohner nahm durch Wegzug ab. Die Folge war eine weit verbreitete Verarmung.

Galen starb 1678. Sein friedfertiger Nachfolger Ferdinand v. Fürstenberg, der bis 1683 regierte und zugleich als Paderborner Fürstbischof amtierte – als Dichter und Historiker genoss er zudem europaweiten Ruf –, hob 1681 einige Strafmaßnahmen auf, darunter die Ernennung des Rats. Ferner verfügte Fürstenberg zur Sanierung der Finanzen eine gestaffelte Steuererhebung und setzte der Abgabenbefreiung engere Grenzen. Nicht zuletzt wurde die Garnison auf 1.000 Soldaten reduziert. Äußeres Zeichen der Normalität war der Abriss des Zauns um das Rathaus. Der nach wie vor schlechten wirtschaftlichen Lage vermochte er wie seine Nachfolger allerdings keine neuen Impulse zu geben. Immerhin logierten die Fürstbischöfe hin und wieder in Münster und werteten es damit politisch und gesellschaftlich auf.

1719 wurde der erst 18-jährige Clemens August v. Bayern neuer Fürstbischof. Er herrschte bis 1761. Die Stadt verdankt ihm unter anderem den Bau des Clemenshospitals. Am Ende seiner Amtszeit geriet Münster in den Strudel des Siebenjährigen Kriegs.

Mit der Wahl des gerade 18-jährigen Prinzen Clemens August v. Bayern zum Fürstbischof begann 1719 eine neue Ära. Die Stadt verdankt ihm das noch heute bestehende Clemenshospital und die gleichnamige spätbarocke Kirche, die von 1745 bis 1753 nach Plänen Johann Conrad Schlauns entstand. In die Regierungszeit Clemens Augusts fiel 1724 zudem der Baubeginn des Max-Clemens-Kanals, benannt nach ihm und seinem ab 1762 amtierenden Nachfolger Maximilian Friedrich Graf v. Königsegg-Rothenfels. Die mit dem Kanalbau verbundene Absicht, Münster und das nördliche Münsterland an die Vechte oder die Ems anzuschließen, wurde nie realisiert. Geldmangel und Konstruktionsfehler ließen das immerhin knapp 40 Kilometer lange Teilstück bis Neuenkirchen im Kreis Steinfurt früh als Torso zurück. Schon bei der Einweihung lief das Schiff mit den Festgästen auf Grund. Trotzdem wurde der Kanal mit Einschränkung noch bis 1840 genutzt. Als die Grevener Straße danach zur Chaussee ausgebaut und die Ems ab Schöneflieth schiffbar war, kam sein Ende.

Überschattet wurde die bis 1761 währende Ära Clemens Augusts von den fatalen Folgen des Siebenjährigen Kriegs. Was Münster an Zerstörung und Leid im Dreißigjährigen Krieg erspart geblieben war, durchlitt die Stadt während des von 1756 bis 1763 dauernden Konflikts. Der Landesherr, schon von Zeitgenossen als labil, schwankend und konzeptionslos beschrieben, konnte eine Neutralität gegenüber den kriegführenden Großmächten Preußen, England und Hannover einerseits sowie Frankreich und Österreich andererseits nicht durchsetzen. Vor allem seine Sympathie für Frankreich, dem er seine Truppen zur Verfügung gestellt hatte, sollte Münster teuer zu stehen kommen. Die im Kampf gegen die westfälischen Besitzungen Preußens operierende französisch-kurkölnische Armee richtete ausgerechnet dort ihren Stützpunkt ein. Zeitweise waren 12.000 Soldaten stationiert. Sie lagerten rund um die Dyckburg, in Mauritz und in Telgte. Erste militärische Erfolge erwiesen sich aber als Strohfeuer.

Im März 1758 rückte eine preußisch-hannoversche Armee in die Stadt ein und baute sie unter Heranziehung vieler Bürger zum Verpflegungsmittelpunkt aller mit Preußen verbündeten Mächte aus. Weitere Pläne wurden zunichte, als sich im Sommer eine schlechte Ernte abzeichnete. Hungersnöte und Seuchen forderten unter der Bevölkerung viele Opfer. Wenig später wendete sich das Kriegsglück. Mitte 1759 standen wiederum französische Truppen vor den Toren und begannen am 22. Juli mit der Belagerung. Bei der Beschießung der Paulsburg flog der dortige Pulverschuppen in die Luft und hinterließ heillose Zerstörung. Nicht zuletzt war die Stadt in diesem Konflikt ein Opfer der strategisch wichtigen Festung geworden, die Fürstbischof Christoph Bernhard v. Galen 1661 errichten ließ.

Die Inbesitznahme durch französisches Militär bildete nur ein kurzes Zwischenspiel. Anfang August 1759 ließ Herzog Ferdinand v. Braunschweig-Wolfenbüttel, der Oberbefehlshaber der preußisch-hannoverschen Armee, die Stadt einkreisen und setzte am 3. September 1759 eine dreitägige Kanonade in Gang. Gleich am ersten Tag wurde das Martiniviertel eingeäschert. Am 17. November, nach erneutem schwerem Bombardement, kapitulierte die Besatzung der Zitadelle gegen Zusage freien Abzugs. Damit klang der Krieg für Münster aus, doch die immensen Stationierungskosten zogen wiederum fast den Bankrott der städtischen Finanzen nach sich. 1762 lagen dort weiterhin Truppen, die, wie zuvor die Franzosen, ihren Unterhalt auf Kosten der

Erst unter dem Nachfolger Clemens Augusts, dem 1762 zum Fürstbischof gewählten Maximilian Friedrich v. Königsegg-Rothenfels, wurde das Schloss nach Plänen von Johann Conrad Schlaun errichtet: eine Abbildung von 1885.

Bürger bestritten. Mit dem Frieden von Hubertusburg am 15. Februar 1763 endete der Siebenjährige Krieg. An den Folgen litt Münster noch jahrzehntelang. Trotzdem blickte man nach vorne.

Als äußeres Zeichen der politischen Souveränität des Fürstbistums hätte in Münster längst ein repräsentatives Schloss stehen sollen, doch das Vorhaben war bisher gescheitert. Clemens August ließ sich zwar nach seiner Wahl 1719 von den Ständen des Fürstbistums das Versprechen abringen, ein solches zu errichten, doch kamen die damit beauftragten Baumeister Gottfried Laurenz Pictorius und Johann Conrad Schlaun über Vorstudien nicht hinaus. Der Fürstbischof logierte lieber auf seinen Schlössern am Rhein, in Ahaus und, um Kosten zu sparen, beim Adel. 1725 begann stattdessen der Bau des Schlosses Augustusburg in Brühl bei Bonn nach Schlauns Plänen.

Erst des Fürstbischofs Nachfolger Max Friedrich Graf v. Königsegg-Rothenfels machte Ernst. Nachdem die Armee auf die Hälfte verkleinert worden war, investierte der Landtag das eingesparte Geld in das Schloss, bis 1787 rund 480.000 Taler. Nach Abtragung der Paulsburg wurde am 26. August 1767 der Grundstein gelegt. Für Fundamente hielt das Abbruchmaterial der Stadtmauer her. Der erneut beauftragte Schlaun konzipierte eine typisch barocke Dreiflügelanlage mit langgestrecktem Haupttrakt und vorgezogenen Seitenflügeln aus Backstein, kombiniert mit Baumberger Sandstein. Die Stände, das Domkapitel, die Ritterschaft sowie die Städte unter Führung Münsters erhofften sich mehr als nur gelegentliche Aufenthalte des Landesherrn, ja etliche Adelige glaubten, ihn durch ein repräsentatives Schloss zum Umzug bewegen zu können.

1773, im Todesjahr Schlauns, war das Äußere vollendet, das Innere aber nur teilweise. Die Fertigstellung hat auch Graf Königsegg nicht erlebt; er starb 1784. Sein Nachfolger, der Kölner Kurfürst Max Franz v. Österreich, ein Bruder Kaiser Josephs II. und Kaiser Leopolds II., wohnte nur gelegentlich in der Residenz. Der dem aufgeklärten Absolutismus zugetane Habsburger – der Fürst soll erster Diener des Staats sein, so seine Devise – hielt von Prachtentfaltung ohnehin nicht mehr viel und verfügte 1788, den Schlosspark für die Allgemeinheit zu öffnen – eine ungewöhnliche Entscheidung. Für den letzten Großbau des deutschen Barock, den der im Frühklassizismus verhaftete Wilhelm Ferdinand Lipper zu Ende führte, gab es keine rechte Verwendung mehr. 1802, zu Beginn des preußischen Zeitalters, zogen General Gebhard Leberecht v. Blücher, der spätere Sieger von Waterloo, und Oberkammerpräsident Karl Freiherr vom Stein darin ein.

1762 traf Fürstbischof Königsegg-Rothenfels eine wegweisende Personalentscheidung. An die Spitze der Bistumsverwaltung berief er den 34-jährigen Domherrn Franz Freiherr v. Fürstenberg und ernannte ihn zum „Geheimen Conferenzrat und Minister“. Der Landesherr würdigte damit dessen Verdienste um seine Wahl. Fürstenberg erhielt eine Machtfülle, wie sie im Bistum sonst nur er selbst ausübte. Dadurch verlor der unter Clemens August tonangebende Geheime Rat an Gewicht. Da sich der wenig reisefreudige Regent, der selbst keinen Reformeifer an den Tag legte, vorwiegend in Bonn aufhielt, rückte Fürstenberg zum verwaltungspolitischen Gestalter auf und amtierte zudem von 1770 bis 1807 als Generalvikar.

Fürstenberg änderte vieles und eiferte dabei preußischem Vorbild nach. Ziel war es, die Rückständigkeit des Bistums zu beseitigen und damit langfristig dessen Überleben zu sichern. Er erneuerte das Rechts-, Finanz- und Manufakturwesen, die Landwirtschaft und die Justiz. Zu seinen ersten, fortschrittlichen Maßnahmen gehörte die 1768 allen münsterschen Hausbesitzern auferlegte Brandversicherung. Am nachhaltigsten wirkten sich seine Reformen im Bildungswesen aus. Zu Fürstenbergs wichtigstem Mitarbeiter stieg 1783 der Kaplan Bernard Overberg auf. Dieser strukturierte die Lehrerausbildung grundlegend um und sorgte damit für einheitliche Berufsvoraussetzungen.

Fürstenberg stellte ferner die Weichen zur Gründung der Universität. Solche Pläne hatte es schon früher gegeben, sie waren jedoch zumeist am Geld gescheitert. Der Minister konnte seinen Fürstbischof jetzt davon überzeugen, zur Finanzierung die Einkünfte des adeligen Benediktinerinnenklosters St. Marien Überwasser freizugeben. Dagegen legte das Domkapitel bei Kaiser und Papst sogleich Verwahrung ein. Bis zur Klärung vergingen Jahre. Im Mai 1773 stimmte Papst Clemens XIV. der Errichtung der Universität unter Aufhebung des Klosters zu. Im Oktober bestätigte Kaiser Joseph II. diesen Schritt. Die nach dem Landesherrn Maximilian Friedrich benannte „Alma Mater“ besaß vier Fakultäten, eine juristische, eine medizinische, eine philosophische – Logik, Mathematik und Physik betreffend – sowie eine theologische. Siebzehn Professoren, die meisten davon Ordensangehörige, wurden bestellt. Zur weiteren Finanzierung kam im Gründungsjahr noch ein Zufall zu Hilfe. Nach der Aufhebung des Jesuitenordens 1773 gingen dessen reiche münstersche Besitzungen in das Eigentum der Hochschule über. Mitte April 1780 nahm sie offiziell ihre Arbeit auf.

Für Aufsehen im deutschen Geistesleben jener Jahre sorgte ferner die seit 1779 in Münster lebende Amalia Fürstin Gallitzin.

1779 war Amalia Fürstin Gallitzin, angezogen von der Reformpädagogik des Ministers Fürstenberg, nach Münster gekommen und gründete dort einen theologisch-philosophischen Kreis. Diesem ging es um die innere Erneuerung des Katholizismus.

Der 1748 geborenen Wegbereiterin des romantisch verklärten Katholizismus, die mit den führenden Köpfen des literarischen Deutschland in regem Briefwechsel stand, hatte es die Fürstenbergsche Reformpädagogik angetan. In ihrem Stadthaus an der Grünen Gasse und auf ihrem Landsitz in Angelmodde versammelte sie namhafte Philosophen, Rechtsgelehrte, Theologen und Dichter um sich. Die „Familia sacra" genannte Runde verstand sich als bewusster Gegenpol zum Rationalismus und zeigte damit zugleich der inneren Erneuerung des Glaubens den Weg auf.

Im letzten Viertel des 18. Jahrhunderts setzte zudem ein merklicher Wandel im Stadtbild ein. Waren es früher die einflussreichen und zu Wohlstand gekommenen Kaufmannsfamilien, die durch ihre Bautätigkeit das Äußere prägten, so gaben jetzt Adel, Geistlichkeit und Bürgertum, durch die Zeitumstände keineswegs verarmt, den architektonischen Geschmack vor. Besonders den Landadel drängte es nach Münster. Nach süddeutschen Vorbildern ließ er sich von den Architekten Gottfried Laurenz Pictorius, Lambert Friedrich Corfey, Johann Conrad Schlaun, Wilhelm Ferdinand Lipper und Clemens August v. Vagedes kleinere und größere Höfe bauen, insgesamt 18 von 1689 bis 1800. Den bekanntesten, den Erbdrostenhof, errichtete Johann Conrad Schlaun von 1753 bis 1757 für Adolph Heidenreich Freiherr Droste zu Vischering. Bürgertum und höhere Geistlichkeit taten es, wenngleich in bescheidenerem Ausmaß, dem Adel gleich. Der höhere Klerus bezog neue Kurien am Domplatz. Außerdem wurden einige Klöster gebaut. Die markanteste Veränderung vollzog sich aber erst 1764 mit der Niederlegung der mächtigen Stadtbefestigung. Auf dem Wall zwischen den Gräben entstand ein Spazierweg, die Promenade.

Beginn des preußischen Zeitalters: **Münster wird Mittelpunkt Westfalens**

Als 1789 in Frankreich die Revolution ausbrach, blickte Münster gespannt dorthin. Die weitere Entwicklung blieb nicht lange auf das Nachbarland beschränkt. Weil Geistlichkeit und Adel danach vielfach um ihr Leben fürchteten, setzte seit 1793 eine ungeahnte Auswanderungswelle ein. Auch nach Münster zog es mehr als 1.000 Emigranten. Der Klerus, allen voran Franz Freiherr v. Fürstenberg, und die Bürgerschaft gaben sich große Mühe, deren hartes Los zu mildern. Die epochale Umwälzung und die folgenden napoleonischen Kriege haben Deutschland in seinen Grundfesten erschüttert und zur Neugestaltung der politischen Landkarte geführt. Nach dem 1795 zwischen Berlin und Paris ausgehandelten Basler Frieden erhielt Nordwestdeutschland einen neutralen Status. Überdies wurde dort eine preußische Observationsarmee stationiert. Diese lag in Lippstadt, Minden, Wesel und Münster unter dem Befehl des Generals v. Blücher. 1795 kam er erstmals in die Stadt und blieb die nächsten Jahre in der Region. Am 6. Juni 1802 erklärte sich Friedrich Wilhelm III. v. Preußen zum neuen Landesherrn. Anfang August wurde Münster besetzt. Die ohnehin zu erwartende Entscheidung des Regensburger Reichsdeputationshauptschlusses, wonach das Fürstbistum an Preußen fallen sollte, hatte der König nicht abgewartet. Der Protest des Domkapitels verhallte wirkungslos. Ausgerechnet Preußen trat nun die Herrschaft an, so dachten wohl manche Einwohner. Sie standen ihm wegen seiner auf das Militär fixierten Staatsdoktrin mit „angeborenem Hass“ gegenüber. Dafür sorgten bereits etwa 1.500 einquartierte Soldaten.

Die Angleichung der Staatsverhältnisse nahm Berlin zügig in Angriff. Verantwortlich hierfür war die Spezialorganisationskommission und seit Ende 1803 die Kriegs- und

Domänenkammer, an deren Spitze zunächst Karl Freiherr vom Stein und seit 1804 der aus Minden gebürtige Ludwig Freiherr v. Vincke standen. Weitere Vorhaben endeten abrupt. Preußens Rückzug nach der folgenschweren Niederlage gegen Napoleon bei Jena und Auerstedt im Herbst 1806 sah die Bürgerschaft daher mit Wohlgefallen. Sie ahnte jedoch nicht, dass die Franzosen größeres Unglück mit sich brachten. Nachdem sie zu Anfang – auch aus konfessionellen Gründen – begeistert begrüßt worden waren, schlug die Stimmung bald um, hatte doch fast jedermann, allen voran die Stadt, einen Beitrag für die napoleonischen Eroberungszüge zu leisten. Die Besatzungskosten stellten dabei nur den geringsten Teil dar. Berührten manche Maßnahmen die Bevölkerung nicht, so bemerkte sie aber doch den durch hohe Steuerforderungen ausgelösten wirtschaftlichen Niedergang. Dies hatte sich schon früh angedeutet. Münster war finanziell bald am Ende. Die Stadt suchte ihr Heil in Steuererhöhungen. Von der Eintreibung weiterer Gelder blieb selbst der Kirchenbesitz nicht verschont. Im November 1811 verfügten die Franzosen die generelle Aufhebung aller noch existierenden kirchlichen Institutionen. Schon lange vor dem Ende ihrer Herrschaft deutete sich eine weit verbreitete Missstimmung an, die auch in der ständigen und oftmals willkürlichen Gängelung der Bevölkerung ihre Ursache hatte.

Die administrativen Maßnahmen der Franzosen griffen tief in das städtische Leben ein, jedenfalls nachhaltiger, als dies in der kurzen preußischen Zeit der Fall war. Das Rechts- und Finanzsystem ordneten sie nach ihren Maßstäben und verpassten der städtischen Verwaltung neue Strukturen. Dazu waren die französischen Signale des Umbruchs unverkennbar, etwa die Gleichheit vor dem Gesetz mit der Einführung des „Code Napoleon" zu Jahresbeginn 1810. Daneben hatte man die Zünfte aufgehoben und die Gewerbefreiheit verfügt. Einige Bestimmungen, darunter jene zur Bauernbefreiung, überdauerten in der französischen Rechtsauslegung die ersten Jahrzehnte des nachfolgenden preußischen Regiments. Münster wechselte außerdem mehrfach die Landeszugehörigkeit. Von Januar 1808

Ansicht der Stadt von Westen mit der Blickrichtung von der Promenade an der Westerholtschen Wiese, 1815. In diesem Jahr war der Bischofssitz zur Hauptstadt der preußischen Provinz Westfalen aufgestiegen.

bis Dezember 1810 war es Teil des Großherzogtums Berg mit der Hauptstadt Düsseldorf, ehe Napoleon danach die Gebiete westlich der Linie Wesel – Münster – Minden seinem Territorium zuschlug. Münster hatte zudem verwaltungspolitisch häufiger die Seiten gewechselt. 1808 Hauptstadt des Ems-Departements, wurde es Ende 1810 kurzzeitig Arrondissementstadt im niederländischen Departement Overijssel, bevor es von April 1811 bis zum Ende der französischen Herrschaft 1813 in das Zentrum des großflächigen Lippe-Departements rückte.

Im Oktober 1813 ging dieses Zwischenspiel nach Napoleons Niederlage in der Völkerschlacht bei Leipzig zu Ende. Wenig später erreichten Kosakenverbände auf ihrem Weg nach Westen Münster. Ihnen folgten kurz darauf preußische Truppen. Danach etablierte sich wieder die ehemalige Verwaltung. Am 19. November 1813 konstituierte sich das Militärgouvernement zwischen Weser und Rhein, und mit Ludwig Freiherr v. Vincke, einem der bedeutendsten preußischen Beamten seiner Zeit, kehrte zugleich ein Zivilgouverneur zurück. Die auf dem

Das Verdienst, die ehemals geistlichen und weltlichen Territorien Westfalens zusammengeführt und in die preußische Monarchie integriert zu haben, gebührt dem ersten Oberpräsidenten Ludwig Freiherr v. Vincke.

Wiener Kongress beschlossene territoriale Neugestaltung rückte die einstige Hauptstadt des aus Ober- und Niederstift bestehenden flächenmäßig größten deutschen Fürstbistums nunmehr in den Mittelpunkt Westfalens und wies dem Vorposten Berlins im Westen eine hervorgehobene Stellung zu. Münsters Pendant in der benachbarten Rheinprovinz, die von Saarbrücken bis Kleve reichte, war Koblenz, nicht die frühere Residenzstadt Düsseldorf. Preußens Wacht am Rhein sicherte einer bisher von Kriegen oft heimgesuchten Region dauerhaft Frieden und Wohlstand.

Größter Ort der Provinz Westfalen mit rund 15.000 Einwohnern war der Regierungssitz selbst. Als historisches Zentrum der weiteren Region sowie als jahrhundertealter Bischofssitz erfüllte er alle Voraussetzungen. Am 1. August 1816 nahm die preußische Verwaltung ihre Arbeit auf und richtete sich zunächst in den ehemals fürstbischöflichen Räumlichkeiten am Domplatz, im Fürstenhof, ein; dort steht heute das Gebäude der Bezirksregierung. An die Spitze der Regierung trat Vincke. Mit den Behörden zog ebenfalls Militär in die Stadt. 1815 entstand das Generalkommando der Provinz Westfalen, dem auch der Regierungsbezirk Düsseldorf unterstand. Mit der Stationierung des VII. Armeekorps fünf Jahre später nahm Münster sogleich eine bedeutende Stellung unter den großen preußischen Garnisonen ein. Bezogen auf die Anzahl der

Einwohner stand sie im Ruf, größter Militärstandort Preußens zu sein. 1871 betrug der Anteil des Heeres an der Bevölkerung immerhin 11,7 Prozent. Schätzungen gehen davon aus, dass die Truppe außerdem die wichtigste Beschäftigungssparte war.

Gewann die Stadt seit 1815 als Verwaltungsmittelpunkt an Ansehen, so büßte sie auf anderen Feldern an Bedeutung ein. In Berlin hielt man zwei Hochschulen in den Westprovinzen Rheinland und Westfalen für übertrieben und gab der 1818 gegründeten Rheinischen Friedrich-Wilhelms-Universität in Bonn den Vorzug. Die 1773 gegründete münstersche „Alma Mater“ stufte man nach Schließung der juristischen und der medizinischen Fakultät in eine höhere Lehranstalt – seit 1832 Akademische Lehranstalt genannt – für katholische Theologen und Gymnasiallehrer zurück. 1818 betreuten 25 Dozenten 375 Studenten. Ab 1843, inzwischen wieder mit Promotions- und Habilitationsrecht ausgestattet, hieß sie „Königlich Preußische Theologische und Philosophische Akademie“.

Finanzielle Fragen bildeten indessen nur den äußeren Anlass der Zurücksetzung. Der Kultusminister wollte keine betont katholische Universität fördern. In diesem Ruf stand Münster seit der Gründung. Der Adel, ehemals fürstbischöfliche Beamte und das Honoratiorenbürgertum, haben darin den ersten Schritt in Richtung Protestantisierung von Land und Leuten gesehen. Doch davon konnte nicht die Rede sein, denn der Bischof besaß bei der Auswahl des Lehrpersonals nach wie vor ein Mitspracherecht. Münster blieb aber von der allgemeinen Universitätsausbildung in Deutschland fortan weitgehend ausgeschlossen.

Das alltägliche Verhältnis zwischen den Bewohnern und den Vertretern der neuen Staatsmacht gestaltete sich von Anfang an kühl; man ging sich aus dem Weg. Wenn auch Münster Preußen bei seinem zweiten Auftritt mit weniger Abneigung gegenübertrat, so nahm man die neue Herrschaft nur widerwillig an. Das seit Generationen führende Bürgertum verwand den Verlust der Selbstständigkeit und mancher Privilegien lange nicht und arrangierte sich nur zögernd mit seinem protestantischen Landesherrn. Konfessionelle Gegensätze spielten da-

1820, mit der Stationierung des VII. Armeekorps, nahm Münster sogleich eine bedeutende Stellung unter den großen preußischen Garnisonen ein. Die Abbildung von 1885 zeigt Kavallerie vor dem Ludgeritor.

bei eine herausragende Rolle. Hierin spiegelte sich eine gelebte Distanzwahrung als Form bürgerstolzer Selbstbehauptung wider, wie sie im gesamten 19. Jahrhundert und besonders während Bismarcks Kampf gegen die katholische Kirche seit 1871 beobachtet werden konnte.

Bereits 1837 kam es zu einem heftigen Zusammenstoß zwischen der Bevölkerung und der Obrigkeit. Obwohl Münster weder mit dem Anlass noch mit dem Streitfall direkt etwas zu tun hatte, löste er doch dort den landesweit schärfsten Protest aus. Zur Sicherung von Ruhe und Ordnung musste Militär anrücken. Weil sich der preußische Staat und die katholische Kirche, vertreten durch den zwei Jahre zuvor zum Kölner Erzbischof berufenen früheren münsterschen Weihbischof Clemens August Freiherr Droste zu Vischering, in der Frage der Konfession solcher Kinder stritten, deren Eltern unterschiedlichen Glaubens waren, kam es zum Eklat. Droste-Vischering bestand entgegen der Auffassung der preußischen Regierung generell auf dem katholischen Bekenntnis. Daraufhin verbot ihm Berlin die Amtsführung, ließ ihn verhaften und auf die Festung Minden verbringen. Der Vorgang löste in den katholischen Gebieten Rheinlands und Westfalens einen Sturm der Entrüstung aus. Das Vertrauen, das sich Preußen in den vergangenen 20 Jahren aufgebaut hatte, war mit einem Male wieder dahin.

Am 23. November 1837 berichtete der münstersche „Westfälische Merkur" über die Geschehnisse. Die Zensur ließ Details nicht zu. Aber selbst die wenigen Angaben sorgten für helle Empörung. Am 11. Dezember kam es zu einem Straßenauflauf. Der Aufforderung der Polizei, sich zu zerstreuen, kamen die Anwesenden nicht nach. Zahlreiche hatten sich inzwischen mit Stangen und Holzlatten „bewaffnet" und an einigen Stellen bereits das Pflaster aufgerissen. Daraufhin rief die überforderte Polizei nach dem Militär. Dieses riegelte sofort Domplatz und Prinzipalmarkt ab. General Friedrich v. Wrangel, der im März 1848 auch den Berliner Volksaufstand niederschlug, löste die Demonstration gewaltsam auf. Annette v. Droste-Hülshoff berichtete von 300 Verletzten; das dürfte übertrieben gewesen sein. Droste-Vischerings Haft in Minden währte 18 Monate. 1840 unter Auflagen freigelassen, lebte er danach zurückgezogen in Münster, wo er 1845 starb. Die Konfrontation zwischen der Glaubensvorstellung und dem Allmachtsanspruch des modernen Staats wirkte lange nach. Der Vorfall leitete in führenden katholischen Kreisen einen Umdenkungsprozess ein und führte neben verstärkter Abwehrhaltung zu einer für Minderheiten typischen Gruppenbildung.

Auf den Niedergang der politischen Macht der Kirche zu Beginn des 19. Jahrhunderts hatte diese mit einer vermehrten religiösen Besinnung reagiert. Der Alltag wurde in hohem Maße geprägt von kirchlichen Festen, Feiern, Prozessionen, Wallfahrten und anderem mehr zur Hebung der Volksfrömmigkeit. Aufgrund der allgegenwärtigen Präsenz übte der Klerus ohnehin eine maßgebliche Autorität auf alle Schichten der Bevölkerung

1850 wurde im Dom die Skulptur der schmerzhaften Muttergottes aufgestellt, ein Werk des in Rom arbeitenden Bildhauers Wilhelm Achtermann. Die Abbildung von 1885 zeigt den prachtvoll ausgemalten Dom.

aus. Ihm oblag nicht zuletzt die Aufsicht über das Schulwesen. Er war, da es noch keine Zivilehe gab, für die Eheschließung zuständig, er förderte das katholische Vereinswesen und hielt die Gläubigen zu regem Andachts- und Messebesuch an. Nicht zuletzt übte er großen Einfluss auf die christliche Kunst aus. Zu einem epochalen Ereignis für Stadt und Bistum geriet 1850 die Aufstellung der Skulptur der schmerzhaften Muttergottes im Dom. Die Pietà des aus Münster stammenden, aber in Rom arbeitenden Bildhauers Wilhelm Achtermann erfreute sich unter den Gläubigen höchster Wertschätzung. Sie ging im Zweiten Weltkrieg verloren.

1802, nach der preußischen Besetzung, formierte sich unter dem argwöhnischen Blick der Katholiken eine evangelische Gemeinde. Sie wurde von der Militärseelsorge betreut und hielt ihre Gottesdienste in der Clemenskirche ab. Solche hatte es in Münster seit 150 Jahren nicht mehr gegeben. Die wenigen Lutheraner gehörten bis dahin zum 50 Kilometer entfernten Pfarrbezirk in Iburg. Die Niederlage Preußens gegen Napoleon bereitete der Entwicklung jedoch 1806 ein jähes Ende. Erst nach 1815 nahm das evangelische Kirchenleben seinen wirklichen Anfang. Die Minoritenkirche, die heutige Apostelkirche, wurde Gemeindemittelpunkt. Damals waren 3,7 Prozent der Münsteraner evangelisch. 1845 bekannten sich von den knapp 21.000 Einwohnern 1.900 zum Protestantismus, vorwiegend Angehörige des Militärs und der Verwaltung. Vier Jahre vor Ausbruch des Ersten Weltkriegs waren bereits 17 Prozent der 90.000 Münsteraner evangelisch. Ihnen standen 82 Prozent Katholiken gegenüber. Die evangelische Kirchengemeinde machte durch die Gründung sozialer und pädagogischer Einrichtungen von sich reden und schuf damit die Basis für ein weit über den religiösen Rahmen hinausgehendes Wirken.

Ferner gab es 1815 eine jüdische Gemeinde von etwa 80 Personen. 1855 lebten in Münster fast 300 Juden, weit weniger als in anderen westfälischen Städten. 1913 waren es rund 1.000. Mit Verkündung des preußischen Judenedikts von 1812 besaßen sie, abgesehen von einigen Einschränkungen, alle bürgerlichen Rechte und Pflichten. Für Westfalen galten aber weiterhin noch die früheren Regelungen, vorwiegend aus napoleonischer Zeit, die nicht schlechter als die preußischen Bestimmungen waren. Trotz Verbesserungen blieb Juden nach wie vor der berufliche Aufstieg vorenthalten. Daran änderte selbst die „gesetzliche Gleichberechtigung aller Konfessionen in bürgerlicher und staatsbürgerlicher Beziehung“ nichts, die 1869 Gesetzeskraft erlangt hatte. Der Weg in Staatsämter blieb ihnen verwehrt. Sie gingen größtenteils gewerblichen Berufen nach. Weiteren Zuzug lehnte die Stadt ab. Dabei spielte die Furcht vor einer erstarkenden Kaufmannsschicht eine Rolle. Grundsätzlich förderte der Staat aber den Wunsch zahlreicher Juden, durch Übertritt zum christlichen Glauben die gesellschaftlichen Schranken zu überwinden.

Mit ihrem gebildeten bürgerlichen und adeligen Publikum war die Provinzialhauptstadt wie zu fürstbischöflichen Zeiten kulturelles Zentrum Westfalens. Die im Oktober 1776 eröffnete und rund 500 Plätze bietende Bühne am Roggenmarkt, die von 1825 bis 1875 eine Gemeinschaft mit dem Hoftheater in Detmold bildete, stand in bestem Ruf. Von 1826 bis 1833 war der später berühmt gewordene Komponist Albert Lortzing als Sänger und Schauspieler engagiert. Erfolgreich verlief seine

Karriere in Münster, wo er im Gasthof „Zur verkehrten Welt" in der Klemensstraße mit seiner Familie wohnte, nicht. Ihn plagten ständig materielle Sorgen. Erst nach seinem Tod 1851 erkannten Fachwelt und Publikum die wahre Größe des begnadeten Tonsetzers. Häufige Gastspiele absolvierten ferner die Pianistin Clara Schumann oder der Violinvirtuose Joseph Joachim. Auch Johannes Brahms, der mit dem Direktor des lokalen Musikvereins Julius Otto Grimm befreundet war, weilte wiederholt hier. 1890 wurde das inzwischen marode Theater geschlossen und vier Jahre später abgerissen. Der Stadt war aber der Bau eines neuen Hauses zu teuer. Die private „Theaterbauinitiative" mietete daraufhin den in der Neubrückenstraße gelegenen Romberger Hof an. Im November 1895 wurde die dortige Spielstätte eröffnet. 1906 ging das Haus für 580.000 Mark in städtischen Besitz über und nannte sich seither „Städtisches Lortzing-Theater" nach seinem mittlerweile weltberühmten früheren Ensemblemitglied. 1908 erlangte das kulturelle Leben zudem mit der Eröffnung des „Landesmuseums für die Provinz Westfalen" einen weiteren Höhepunkt.

In wirtschaftlicher Hinsicht blieb Münster nach 1815 im Vergleich zu anderen Städten auf Jahrzehnte hinaus rückständig, und weil sich weder Industrie noch Großhandel ansiedelten, bewahrte sich der kleinstädtische Charakter bis zur Gründung des Kaiserreichs 1871. Die Ursache lag in der ungünstigen überregionalen Verkehrsanbindung. Gerade deswegen blieb man ein Stiefkind der gewerblichen Entwicklung. 1826 waren in der Region nur rund 200 Kilometer straßenmäßig derart ausgebaut, dass sie selbst bei schlechtem Wetter genutzt werden konnten, für den Handel ein untragbarer Zustand. 1862 wies der 7.253 Quadratkilometer große Regierungsbezirk Münster ein Straßen- und Wegenetz von 927 Kilometern auf. Schlecht stand es ebenfalls um den Max-Clemens-Kanal, der ja von Anfang an mit Konstruktionsfehlern behaftet war. Inzwischen an vielen Stellen versandet, konnte er nur mit gering beladenen Kähnen befahren werden. Trotzdem setzte der Handel weiterhin auf ihn, da er immer noch die bessere Alternative zur Straße darstellte.

Als 1841 die Streckenführung der Ost-West-Eisenbahnlinie festgelegt wurde, fand Münster keine Berücksichtigung. Von Hamm sollte nur eine Stichbahn gebaut werden. Die Abbildung von 1885 zeigt den Schienenstrang in Höhe des heutigen Dahlwegs.

Die Verbesserung der Infrastruktur sollte während des 19. Jahrhunderts die wichtigste Aufgabe des 1835 gegründeten Vereins der Kaufmannschaft und der 1854 errichteten Handelskammer bleiben. Beide Gremien legten dabei eine ausgesprochen fortschrittliche Gangart ein. Bereits 1831, vier Jahre vor der Eröffnung der ersten deutschen Bahnstrecke von Nürnberg nach Fürth, hatte der münstersche Abgeordnete zum Westfälischen Provinziallandtag und Mitbegründer des Kaufmannsvereins, Johann Hermann Hüffer, eine Eisenbahnlinie von Hamm nach Münster und weiter zur Ems vorgeschlagen. Er konnte sich damit aber nicht durchsetzen, da man an Rhein und Ruhr langfristig andere Pläne in Berlin vorlegte – zum Nachteil Münsters.

Als 1841 die Entscheidung für den Bau der Ost-West-Eisenbahnlinie fiel, wurde die Stadt nicht berücksichtigt, weil der kürzeste Weg von Minden nach Köln über Hamm führte. Münster stellte man lediglich eine Stichbahn von Hamm oder Dortmund in Aussicht. Damit wollte sich der Verein der Kaufmannschaft, der in der direkten Anbindung an die Trasse eine „Lebensfrage" erblickte, nicht zufriedengeben. Um den Forderungen Nachdruck zu verleihen, wurde einen Monat später ein „Eisenbahn-Comité" ins Leben gerufen. Zwei sofortige Eingaben an den König, die Strecke über Minden, Münster und Wesel zu führen, blieben erfolglos. Außerdem hatte die Kaufmannschaft Aktien der „Köln-Mindener Eisenbahn-Gesellschaft" erworben, um den Dingen doch noch eine andere Richtung zu geben. Es half nichts.

Für den schnellsten Weg gab es auch militärische Gründe, gelangten doch im Kriegsfall Truppen rasch an den Rhein. Ferner lag Berlin daran, eine direkte Verbindung zu seinen wirtschaftlich entwickeltsten Regionen im Westen herzustellen. 1847 nahm die Köln-Mindener Eisenbahn ihren Betrieb auf. Im Mai 1848 war dann die Stichbahn von Münster nach Hamm fertig. Um den Bau schnell auf den Weg zu bringen, hatte das „Eisenbahn-Comité" 1846 zur Zeichnung von Aktien der „Münster-Hammer Eisenbahngesellschaft" aufgerufen. 1,3 Millionen Taler kamen dabei zusammen. Endstation blieb die Provinzialhauptstadt nur sieben Jahre lang. 1856 erhielt sie über Rheine Anschluss an die hannoversche Westbahn, die von Osnabrück nach Emden führte. Damit hatte der Fernhandel endlich Zugang zu den Nordseehäfen. 1870 wurde die Bahnlinie nach Wanne als Teil der Strecke von Venlo nach Hamburg eröffnet, 1871 kam die Linie nach Osnabrück hinzu und 1875 war der Anschluss nach Enschede fertig. Seit 1855 hatte die Königliche Direktion der Westfälischen Eisenbahn ihren Sitz in Münster. Auf die wirtschaftliche Entwicklung hatte das neue Verkehrsmittel wider Erwarten zunächst keinen nennenswerten Einfluss. Bis zum Beginn des 20. Jahrhunderts, als Münster zur Großstadt aufstieg, war es kleinbetrieblich or-

Prinzipalmarkt 1864, Mittelpunkt der Stadt und Zentrum des Handels. In der damals etwas mehr als 25.000 Einwohner zählenden Stadt gab es kaum Industriebetriebe. Die meisten Beschäftigten waren Handwerker und Kleinhändler.

ganisiert und blieb von Veränderungen weitgehend unbehelligt.

Die überwiegende Anzahl der Beschäftigten waren Gewerbetreibende oder Kleinhändler. 1849 zählte man rund 5.200 Erwerbstätige, darunter etwa 2.500 Handwerker, allen voran mit 19 Prozent die Schneider vor den Schuhmachern mit 18 Prozent, den Bäckern und Tischlern mit jeweils zehn Prozent.

Nur eine Minderheit besaß jedoch den Meisterbrief und über ein festes regelmäßiges Einkommen verfügten auch nur die wenigsten. Der hohe Anteil hatte damit zu tun, dass es industriell gefertigte Kleider, Schuhe oder Möbel noch nicht gab. Die übrigen Bewohner, obwohl behördlicherseits als arm registriert, waren Tagelöhner oder schlecht bezahltes Hauspersonal. Viele Münsteraner lebten am Rande des Existenzminimums. 1849 zählte die Hälfte der Einwohner zur Unterschicht. Die meisten bezogen Armenunterstützung, auch viele alte und kranke Bürger. Tiefgreifende soziale Verelendung in Zeiten von Lebensmittelverknappung mit nachfolgender Teuerung, etwa 1816/17 oder 1830/31, wie sie anderswo stattfand, kannte man aber nicht.

Das war auf zahlreiche mildtätige Stiftungen zurückzuführen, die sich um Arme und Kranke kümmerten. Vergleichbares gab es in kaum einer anderen preußischen Stadt. Diese aus dem Spätmittelalter herrührenden Einrichtungen gingen zumeist auf letzte Verfügungen begüterter Bürger zurück, die die Erträge aus Grund und Boden für soziale Belange, darunter Armenhäuser, zur Verfügung gestellt hatten. Die kirchlichen und privaten Stiftungen wurden 1804/05 zusammengefasst. Der Rat rief eine eigene Armenkommission ins Leben und stattete diese mit den Einkünften der Fonds und Stiftungen aus. Einige Einrichtungen haben alle Zeiten und Stürme überdauert und unterstützen noch heute soziale Belange.

Ausgeprägtes Staatsinteresse entfaltete sich bis 1840, dem Todesjahr Friedrich Wilhelms III., in der Stadt nicht und bis 1848 nur zaghaft. Nach der Thronbesteigung seines Sohns, Friedrich Wilhelm IV., ging zwar ein merklicher Ruck durch das Land, allein der mit großer Hoffnung bedachte König erfüllte die Erwartungen seines Volks nicht. Nur widerwillig und bloß in kleinen Schritten gab er Reformwünschen nach. Angesichts der weit verbreiteten schlechten Stimmung, auch aufgrund von Missernten und Teuerung, bedurfte es allein eines geringfügigen Anlasses, um nicht nur Preußen in seinen Grundfesten zu erschüttern. Der Sturz des französischen Königs Louis-Philippe

Ende Februar 1848 war ein solcher. Die Befürchtung in Münster, dass Unruhen auf das Rheinland übergreifen könnten, war nicht unbegründet. Es kam aber anders. Nicht von dort, sondern von Berlin ertönte das Signal zum Aufruhr. Das Bekanntwerden der gewaltsamen Ereignisse am 18. März hatte in der Stadt einen Straßenauflauf bisher nicht gekannten Ausmaßes zur Folge. In den Protesten entlud sich der Zorn gegen die sogenannte Mahl- und Schlachtsteuer auf Lebensmittel, die es der darbenden Bevölkerung noch schwerer machte, den Lebensunterhalt zu bestreiten. Die Polizei stand den zum Teil gewaltsamen Protesten hilflos gegenüber, so dass das Militär die Ruhe wieder herstellen musste. Weitere größere Protestaktionen traten bis November 1848 nicht mehr auf.

Nachhaltige Auseinandersetzungen um politische Inhalte hat es in der Frühphase der Revolution nur vereinzelt gegeben. Die gesellschaftlichen und politischen Strukturen ließen keinen Wandel erwarten. So verwunderte es nicht, dass die Wähler den erst seit 1847 amtierenden münsterschen Bischof, Georg Müller, im Mai 1848 als Abgeordneten in die Deutsche Nationalversammlung in Frankfurt delegierten. Dass es sonst an befähigten Persönlichkeiten gemangelt hätte, kann nicht gesagt werden. Müller verließ das Parlament jedoch schon nach wenigen Wochen und ließ sich vertreten. Er war dem Irrtum erlegen, allein kraft Amtsautorität etwas bewegen zu können. Städtischer Abgesandter in der Preußischen Nationalversammlung in Berlin wurde der politisch erfahrene Johann Hermann Hüffer. Aber selbst er zog sich im Sommer 1848 zurück und reichte den Sitz an seinen Stellvertreter weiter.

In Münster wie in konfessionell ähnlich strukturierten Städten hatte das katholische Bürgertum im Frühjahr und Sommer 1848 das Heft noch fest in der Hand. Die von kirchlicher Seite auf den Weg gebrachten und überregional agierenden Piusvereine – benannt nach dem amtierenden Papst Pius IX. – übten großen Einfluss aus. Ihre Macht begann erst dann zu bröckeln, als sich das Volk ernsthaft für Verfassungsfragen und Bürgerrechte interessierte. Mit der gewaltsamen Auflösung der Preußischen Nationalversammlung und der Oktroyierung der Verfassung im November 1848 nahm die Revolution auch in Münster eine unerwartete Wende. Demokratische, nach damaligem Sprachgebrauch linke Kräfte, die bis dahin in der Minderheit waren, erhielten großen Zulauf. Die Provinzialhauptstadt wurde im November 1848 Schauplatz des Kongresses der westfälischen Demokraten. Dort ging es um den Widerstand gegen das Verhalten der Berliner Regierung, explizit um die Bewahrung der Bürgerrechte. Die Justiz antwortete auf höhere Weisung hin mit einer Flut von Anklagen wegen Hochverrats und ließ die führenden Aktivisten verhaften. Das sorgte natürlich für weitere Eskalation, und bei den im Februar 1849 stattfindenden Parlamentswahlen sah sich der König unerwartet einer linken Mehrheit gegenüber.

Auch in Münster hatten die Demokraten haushoch gesiegt und die bürgerlichen Kräfte endgültig an den Rand der Bedeutungslosigkeit gedrängt. Als eine Übereinkunft zwischen Krone und Parlament bezüglich einer Verfassungsrevision nicht zustande kam, löste Friedrich Wilhelm IV. schon nach zwei Monaten die Kammer wieder auf. Die Regierung schrieb sogleich Neuwahlen aus und wartete daneben mit einem neuen Wahlrecht auf. Um es nun nicht wieder mit einer linken Mehrheit zu tun zu haben, wurde das Stimmrecht an die Höhe des jeweiligen Steuersatzes gekoppelt. So reduzierte das „Dreiklassenwahlrecht" den Einfluss großer Bevölkerungskreise ganz erheblich, denn je höher der zu entrichtende Betrag ausfiel, desto gewichtiger war der Einfluss. Vier Prozent der Wähler der I. Klasse besaßen genauso viel politisches Gewicht wie 86 Prozent der III. Dahinter stand die Idee, radikale Elemente von der Wahl von vornherein abzuhalten. Zwar kam es im Frühjahr 1849 noch einmal zu Protestveranstaltungen, doch der ausgerufene Boykott der nächsten Abstimmung war wirkungslos.

Nach der Ablehnung der König Friedrich Wilhelm IV. von der Deutschen Nationalversammlung angetragenen Kaiserkrone im April 1849 blieb von der nationalstaatlichen

Idee eines kleindeutschen Reichs unter Preußens Führung, wie von vielen gemäßigten Kräften gewünscht, nichts mehr übrig. Die Entscheidung rief landesweit Enttäuschung hervor. In Münsters konservativ-katholischen Kreisen verspürte man dagegen Genugtuung. Dadurch sei der Weg für die großdeutsche Lösung noch nicht verbaut worden, hieß es. Entsprechend laut hatte ja im Juni 1848 die Stadt gejubelt, als der populäre Erzherzog Johann v. Österreich zum Reichsverweser, zu einem Interimspräsidenten, gewählt worden war. In ihm wollte man ein Gegengewicht zum protestantischen preußischen König sehen. Aber mit der Macht des Habsburgers war es nicht weit her, verfügte er doch weder über finanzielle Mittel noch über Truppen.

Nach dem Scheitern des Umbruchs machte sich allgemeines Desinteresse breit. Der einfache Bürger, der manche politischen Sachverhalte mangels Information nicht immer durchschaute, bemerkte doch, dass Preußen das Rad der Geschichte zurückdrehte und damit das Land wieder in die Vergangenheit führte. Das hielt viele Bürger davon ab, bei den alle drei Jahre stattfindenden Wahlen zum Preußischen Abgeordnetenhaus ihre Stimme abzugeben. In der Stadt schwankte die Beteiligung von 1849 bis 1866 zwischen 26 Prozent 1855 und 40 Prozent 1862, wobei es sich um die höchste bis 1918 handelte. Sie war besonders niedrig, als von 1850 bis 1858 die „Reaktion" regierte, und sie war besonders hoch, als Bismarck seit 1862 versuchte, die Verfassung auszuhebeln. Unter allen preußischen Städten mit Sitz eines Regierungspräsidiums lag die Wahlbeteiligung in Münster am niedrigsten. Die Vertreter des politischen Katholizismus mussten sich um den Sieg ihrer Bewerber gleichwohl nicht sorgen. Problemlos, meist sogar ohne Gegenkandidaten, setzten sie sich durch, es sei denn, der Wahlerfolg drohte an mangelnder Stimmabgabe zu scheitern. 1858 vollzog sich jedoch eine überraschende Wende.

Der durch die Krankheit seines Bruders, Friedrich Wilhelms IV., 1858 zur Regentschaft gelangte und drei Jahre später zum König gekrönte Wilhelm I. ließ bei seinem Amtsantritt durch liberale Töne aufhorchen. Im Münster reagierte man auf den Wandel zwiespältig. Auf der einen Seite herrschte Genugtuung darüber, dass die Kirche augenblicklich keiner staatlichen Bevormundung ausgesetzt war, auf der anderen fürchteten sich die Konservativen vor der Gottlosigkeit des erstarkenden Liberalismus. Die Zeitungsleser verfolgten 1862/63 im „Westfälischen Merkur" die heftigen Kämpfe im Abgeordnetenhaus zwischen der liberalen Majorität und der konservativen Minorität um die Erhöhung des Militärhaushalts, aber sie brachten weder für die eine noch für die andere Seite Sympathie auf. Trotzdem kam es zu einer merklichen Verringerung des konservativ-katholischen Einflusses auf die Meinungsbildung in der Stadt.

Spätestens seit Frühjahr 1866 war die Stimmung gereizt und bewog die münstersche Regierung, im Mai gegen den „Westfälischen Merkur" vorzugehen und eine Ausgabe zu beschlagnahmen. In einem Artikel hatte sich die Zeitung in forschen Worten zur überraschenden Auflösung des Abgeordnetenhauses geäußert. Damit nicht genug: Als die preußisch-österreichische Krise auf einen Krieg zusteuerte und ausgerechnet am Tag von Königgrätz, am 3. Juni, gewählt wurde, entschieden sich die Münsteraner in einer Trotzreaktion für die Galionsfigur des preußischen Linksliberalismus. Benedikt Waldeck, einer der höchsten Richter des Landes, stammte zudem aus einer bekannten münsterschen Familie. Selbst die Stadtverordneten hatten sich zuvor aller politischen Zurückhaltung entledigt und in einer Adresse den König beschworen, den Bruderkrieg zu verhindern. Vergeblich! Einflussreiche Vertreter des örtlichen katholischen Lagers hätten es deshalb liebend gerne gesehen, wenn die Schlacht in Böhmen einen anderen Verlauf genommen hätte. Doch die öffentliche Meinung nahm eine unerwartete Wende

Als im August 1870 der Krieg gegen Frankreich ausbrach und vielerorts die Siege der preußisch-deutschen Waffen gefeiert wurden, ließ das die Stadt nicht kalt – kein Vergleich mit 1866. Die patriotische Begeisterung war aber nicht auf einen plötzlichen Stimmungsumschwung zugunsten Bismarcks zurückzuführen, sondern auf die Zurückweisung der französischen

Annexionsgelüste an Rhein und Saar, wie man sie schon seit Jahrzehnten kannte. Überall habe man vaterländische Lieder gehört, heißt es in einer Chronik. Die Bürger hielten sich außerdem nicht mit Ergebenheitsadressen an König Wilhelm I. zurück, und man zeigte sich generös gegenüber den hilfsbedürftigen Familien eingerückter Soldaten. Die Stimmung schlug aber bald um, nachdem im Januar 1871 das Kaiserreich ausgerufen worden war. Die Kunde aus Versailles hatte keine Begeisterungsstürme ausgelöst, obwohl die zurückkehrenden Truppen mit großem Jubel empfangen und den Offizieren rauschende Feste gegeben wurden. Bedingt durch den Ende 1871 ausbrechenden Konflikt zwischen dem preußischen Staat und der katholischen Kirche, Kulturkampf genannt, sollte beispielsweise der Tag von Sedan, die entscheidende Wende jenes Kriegs am 2. September 1870, in Münster nie ein akzeptierter Feiertag werden. Kirchenfeste, Bischofs- oder Papstjubiläen hatten allemal Vorrang. Die Stadt blieb sich in der Ablehnung des Kaiserreichs viele Jahre treu, wie sie bis dahin ja selbst noch nicht einmal richtig in Preußen angekommen war.

Aufbruch im Kaiserreich: **Münster entwickelt sich zur Großstadt**

Der Start ins Kaiserreich verlief wegen des sich abzeichnenden Kirchenkampfs denkbar ungünstig. Dessen Verwerfungen hinterließen nirgends in Preußen so tiefe Spuren wie in Münster, im „Rom des Nordens". Das hatte mehrere Ursachen. Zum einen traf der Streit eine Stadt, in der immer noch fast 90 Prozent der Bevölkerung sich zum Katholizismus bekannten, zum anderen stieß er auf eine Gesellschaft, in der die Kirche noch in nahezu allen Bereichen des öffentlichen und privaten Lebens einen erheblichen Einfluss ausübte. Als direkter Auslöser des Konflikts galt das auf dem I. Vatikanischen Konzil im Sommer 1870 verkündete „Unfehlbarkeitsdogma". In rascher Abfolge wurden daraufhin zwischen 1871 und 1875 einschneidende Gesetze verabschiedet, von denen aber später nicht alle gleichermaßen auf massiven Protest stießen, etwa das Verbot, politische Sachverhalte von der Kanzel herab zu kritisieren. Die Folgen der übrigen Regelungen waren gravierender. Sie zeigten, dass der Staat in Belange eingriff, die bisher als geschützt galten: Ehe, Familie, Erziehung und vor allem Religion. Der Begriff vom „Kulturkampf" war geboren. Ihn hatte der liberale Parlamentarier und bekannte Mediziner Rudolf Virchow in die Welt gesetzt. Bismarck ging es auch darum, Macht und Einfluss der 1870 gegründeten katholischen Zentrumspartei, der er reichsfeindliche Bestrebungen unterstellte, entscheidend zu schwächen.

Im März 1872 wurde der Kirche die Aufsicht über die Schulen entzogen. Außerdem durften Geistliche als Folge der bewusst herbeigeführten Entklerikalisierung mit Ausnahme des Kommunionunterrichts keine weitere religiöse Unterweisung mehr geben. Vier Monate später trat die reichsweit geltende Verbannung des Jesuitenordens in Kraft. Das traf die münstersche Bevölkerung hart. Sie solidarisierte sich mit den ortsansässigen Ordensmitgliedern und verfasste Protestadressen. Die umfangreichste wurde immerhin von 2.600 Bürgern der Stadt und ihrer Umgebung unterzeichnet und am 18. Oktober der lokalen Ordensleitung übergeben. Allein die Abordnung bestand aus 400 Personen. 1875 entzog der Staat der Kirche mit dem „Brotkorbgesetz" zudem die finanzielle Zuwendung. Dies wiederum veranlasste den münsterländischen Adel, Spendensammlungen auf den Weg zu bringen. Außerdem hob der Staat alle Klöster auf, verschonte jedoch jene, die sich um die Krankenversorgung kümmerten. Letzteres geschah auf ausdrücklichen Wunsch Kaiserin Augustas, der Ehefrau Wilhelms I., in bewusster Würdigung der Samariterdienste katholischer Orden auf den Schlachtfeldern in Frankreich 1870/71. Die Monarchin verachtete Bismarck, den sie für einen prinzipienlosen Opportunisten hielt.

In Münster hatten besonders die Aufhebung der Orden und die Ausweisung der Geistlichen, der Entzug der Aufsicht über das Schulwesen sowie 1875 die Verurteilung Bischof Johann Bernard Brinkmanns zu einer Gefängnisstrafe für heftigen Protest gesorgt. Die Vorgänge trugen wesentlich dazu bei, den „Kirchenkampf" endgültig im Volk zu verankern. Dieses, von kirchlicher Seite durchaus ermuntert, mehr aber aus eigenem Antrieb heraus handelnd, verwickelte nun den Staat in einen teilweise grotesk anmutenden Kleinkrieg. Unterstützung fand die Proteststimmung im „Westfälischen Merkur", Münsters auflagenstärkster Zeitung. Dabei geriet diese oftmals selbst ins Visier der Staatsanwaltschaft. Mehrere Redakteure büßten dafür mit längerer Haft. Keine andere Gazette Preußens sah sich in jenen Jahren einer derartigen Verfolgung ausgesetzt wie dieses Blatt. Nicht zuletzt solidarisierte sich der katholische Adel mit Bischof, Priestern und Gläubigen und hatte die gesellschaftlichen Beziehungen zum Oberpräsidenten und zum Kommandierenden General abgebrochen. Seit 1815 war er ohnehin kaum Verbindungen mit dem Berliner Hof eingegangen. Wegen manch „unliebsamer" Solidaritätsadresse wurden auch Grafen und Barone von den Behörden nicht verschont.

Die Nichtbeachtung des Gesetzes über die Ablegung der Staatsexamina für Geistliche ließ dann wieder plötzlich Erinnerungen an die Verhaftung des Kölner Erzbischofs Clemens August Freiherr Droste zu Vischering 1837 wach werden. Auch er hatte sich preußischen Verfügungen nicht untergeordnet. Brinkmanns hinhaltender Widerstand gegen die staatliche Einschüchterung hatte eine Flut von Anzeigen und Geldstrafen nach sich gezogen. Da er diese beharrlich ignorierte und sie sogar als aller Ehren wert empfand, stand eines Tages ein Gerichtsvollzieher vor der Tür. Dabei kam es zu Tumulten, und Militär rückte an. Die Versteigerung seines mobilen Besitzes verfehlte aber insofern ihre Wirkung, als vermögende Münsteraner das gepfändete Gut sogleich aufkauften und danach unter großem Jubel in die Wohnung des Bischofs zurücktrugen. Dieser blieb standhaft und wurde deshalb Ende Februar 1875 wegen fortwährender Nichtbeachtung der gegen ihn verhängten Geldstrafen zu 40 Tagen Gefängnis verurteilt. Der Kampf zwischen Staat und Kirche hatte seinen Höhepunkt erreicht.

Die Haft trat er im folgenden Monat an und saß sie in Warendorf ab. Brinkmann war kein Einzelfall. Andere Oberhirten, darunter Erzbischof Paulus Melchers aus Köln, ein gebürtiger Münsteraner, saßen gleichfalls im Gefängnis. Nach Brinkmanns triumphaler Rückkehr Ende April forderte ihn Oberpräsident Friedrich v. Kühlwetter auf, sein Amt niederzulegen. Der Bischof ahnte, dass eine Weigerung mit nochmaliger Gefängnishaft und seiner Absetzung einhergehen würde, und begab sich zur Kur nach Karlsbad; danach wich er ins holländische Exil aus. Dort verlor sich zwar für die preußische Strafverfolgung seine Spur, aber über Mittelsmänner hielt er weiterhin Kontakt nach Münster. Nach Weihbischof Johannes Boßmanns Tod im August 1875 war das Bistum verwaist, Priesterweihen und Firmungen unterblieben. Im Mai 1881 waren 123 Pfarreien nicht besetzt.

Als Brinkmann von der Bildfläche verschwunden war, trat sogleich die Staatsmacht auf den Plan und leitete das Absetzungsverfahren wegen fortdauernder Nichtbeachtung staatlicher Gesetze ein. Damit war ihrer Ansicht nach der Hauptverantwortliche für die „Volksopposition" aus dem Weg geräumt. Anschließend erfolgte die Auflösung des Generalvikariats. Am 1. April 1876 forderte Kühlwetter das Domkapitel zur Wahl eines Bistumsverwesers auf. Dieses lehnte das Ansinnen sofort ab. Keiner der kirchenrechtlich vorgesehenen Fälle zur Bestellung eines Kapitularvikars sei eingetreten. Bereits am 3. April präsentierte Berlin mit dem protestantischen Oberbergrat Albert Gedike aus Breslau einen Verwalter des Diözesanvermögens. Die Immobilien waren inzwischen schon längst vermietet worden, unter anderem an einflussreiche städtische Honoratioren. Domkapitel und Klerus empfanden den Schritt der preußischen Behörden als Provokation und verhielten sich Gedike gegenüber abweisend. Mit dessen Berufung steuerte der Kulturkampf auf einen weiteren Höhepunkt zu. Ihm brandete eine Welle der Verachtung entgegen. Statt mäßigend zu wirken, provozierte er die verbliebenen Geistlichen, den Adel und das Bürgertum. Er ließ das bischöfliche Palais räumen und vermietete es zur Eintreibung vergangener Schulden. Der Staatsbeamte stand freilich mehr und mehr auf verlorenem Posten und war dem zermürbenden Zwist auf die Dauer nicht gewachsen.

Bismarcks Bruch mit den Liberalen 1878 leitete die Wende ein. Die „Kulturkampfgesetze" wurden abgeschwächt, weil man seiner Ansicht nach nicht gegen das Gewissen von zwei Fünfteln der Bevölkerung regieren könne. Inzwischen hatte sich der nach Kühlwetters Tod 1882 zum Oberpräsidenten ernannte Robert Eduard v. Hagemeister für die Begnadigung Bischof Brinkmanns ausgesprochen. Im Februar 1884, nach neunjährigem Exil, kehrte dieser unter großem Jubel zurück. Als er 1889 starb, hatten sich die Verhältnisse wieder weitgehend normalisiert. Verlierer war eindeutig Bismarck. Zwar hatte der Konflikt dem kirchlichen Personal und den Gemeinden schwer zugesetzt – etwa 160 Pfarreien blieben zeitweise verwaist –, doch davon konnte sich das Bistum erholen.

Ein Klimawandel setzte erst nach dem Ende der Ära des Reichsgründers 1890 ein. Münster ist die einzige deutsche

Großstadt, in der es kein Bismarckdenkmal gibt. Die eigentliche Verbesserung der Verhältnisse vollzog sich aber nach der Jahrhundertwende, als Kaiser Wilhelm II. 1907 Münster besuchte, die Akademie in eine finanziell gut ausgestattete Universität umgewandelt wurde und die Katholiken sich längst nicht mehr den Diskriminierungen früherer Jahre ausgesetzt sahen. Nach dem Ende des Kulturkampfs fiel es selbst der tonangebenden Zentrumspartei nicht mehr so leicht, ihre Ansichten in allen Schichten zu verankern. Vor allem das gutsituierte Bürgertum, das vom wirtschaftlichen Aufschwung des Wilhelminischen Zeitalters profitierte, hatte sich inzwischen weitgehend mit dem Kaiserreich ausgesöhnt.

An den Machtverhältnissen bis 1918 änderte sich daher nichts. Das Zentrum hielt auf allen politischen Ebenen das Heft in der Hand. Bei den Reichstagswahlen von 1907 und 1912 votierten bei einer Wahlbeteiligung von rund 80 Prozent jeweils rund 67 Prozent der Wähler für die Partei. Die liberalen Stimmen mit 18,6 Prozent bzw. 12,2 Prozent verloren sich dagegen. Bei den Wahlen zum Preußischen Abgeordnetenhaus 1908 und 1913 stimmten bei einer Beteiligung von rund 23 Prozent 98 Prozent der Bevölkerung für das Zentrum. Die geringe Teilnahme war auf die Ablehnung des Dreiklassenwahlrechts zurückzuführen. In der Stadtverordnetenversammlung, die gleichfalls auf dieser Grundlage bestimmt wurde, dominierte die Organisation ebenso. Von Wahlkämpfen konnte seit Jahren nicht mehr gesprochen werden. Vergleichbares gab es in keiner anderen größeren preußischen Stadt. Das münstersche Zentrum stand aber eindeutig aufseiten der Gegner einer tiefgreifenden Parteireform und wollte durch die Verteidigung der tradierten gesamtkatholischen Verhältnisse den Weg in die Moderne unbedingt verhindern.

Eine untergeordnete Rolle spielte die SPD, obwohl sie am Ende des Kaiserreichs zur zweitstärksten Partei aufgerückt war. Die Anfänge muteten beschwerlich an. Schon einem noch vor dem Erlass des Sozialistengesetzes 1878 ins Leben gerufenen „Zeitungsleseverein" war keine Dauer beschieden. Die Polizei löste ihn sogleich auf und riet den informierten Arbeitgebern, dessen Mitglieder sofort zu entlassen. Ein gleichfalls bestehender sozialdemokratischer Kegelclub blieb unentdeckt. Wahlerfolge konnte die SPD lange nicht vorweisen. Das lag allerdings nicht allein daran, dass der Katholizismus im alltäglichen Leben den Takt angab und über eine beträchtliche Anhängerschar verfügte, sondern an der nicht vorhandenen Schicht der Industriebeschäftigten.

Das gewerbliche Leben, fast ausnahmslos von Handwerk und Einzelhandel geprägt, sorgte nicht zuletzt dafür, dass es die in anderen Regionen herrschenden tiefen Klassengegensätze nicht gab. Einige kleinere Fabriken fielen kaum ins Gewicht. Die an der Mecklenbecker Straße gelegene mechanische Baumwollweberei von „Rohling & Schmitz" beschäftigte 1863 als größtes Unternehmen der Stadt etwa 55 Mitarbeiter. Zu dieser Zeit wies die Gewerbestatistik 400 Arbeiter in der Stadt aus, darunter auch solche in Kleinbetrieben. Knapp 20 Jahre später war es um den Arbeiteranteil nicht anders bestellt. Bei einer 1882 vorgenommenen Erhebung unter den größeren deutschen Städten lag Münster auf dem 42. Platz. Eine Statistik von 1894 wies ferner aus, dass es nur acht Betriebe gab, die mehr als 30 Mitarbeiter beschäftigten. Acht Jahre später, nach der Eröffnung des für Handel und Industrie so wichtigen Dortmund-Ems-Kanals, zählte man bereits doppelt so viele Unternehmen, die mehr als 25, und sechs, die mehr als 60 Mitarbeiter zählten.

Noch 1933 sollte Münster reichsweit den geringsten Arbeiteranteil aufweisen. Es stand hingegen an der Spitze, was Beschäftigung im öffentlichen Dienst, bei der katholischen Kirche, beim Militär und in freien Berufen anging. Dies offenbarte zugleich, dass es positives ökonomisches Gedeihen sogar ohne Industrialisierung geben konnte. Die Geschäftswelt lebte von der lokalen Nachfrage recht gut. Selbst gelegentliche Konjunktureinbrüche änderten nichts an dem langsamen, gleichwohl stetigen wirtschaftlichen Aufstieg. Positiv wirkte sich aus, dass traditionsgemäß das Umland auf sein Zentrum ausgerichtet war und sich dort versorgte.

Mit zunehmender Bevölkerungszahl wuchs die Nachfrage nach Waren des täglichen Bedarfs und der Handel nahm einen nachhaltigen Aufschwung. Zu den bedeutenden Geschäften gehörte das 1896 gegründete Bekleidungshaus Hettlage in der Ludgeristraße.

Erst bei der Reichstagswahl 1912 gelang der SPD, die sich 1891 in einem nach außen hin unpolitischen Verein zusammengeschlossen hatte, mit 1.783 Wählern – 14,2 Prozent der Stimmen – ein Achtungserfolg. Sie wurde zweitstärkste Kraft. 1909 gehörten dem „Wahlverein des Reichstagswahlkreises Münster–Coesfeld" aber gerade einmal 60 Mitglieder an, darunter 25 Frauen. Er erhielt bald regen Zulauf. 1911/12 zählte man in fünf Ortsgruppen etwa 300 Personen, wobei die münstersche 90 bis 100 Mitglieder umfasste.

Der Aufstieg der SPD verlief parallel zur wirtschaftlichen Entwicklung auf dem Weg zur Großstadt. 1885 gab es 4.144 Häuser, 1905 indessen schon 6.255. Unter den zugezogenen Neubürgern hatte die Partei ihren größten Rückhalt. 1907 gingen fast 13 Prozent der Erwerbstätigen einem Beruf im Baugewerbe nach und damit weitaus mehr als in vergleichbaren Städten. Zu den bekanntesten SPD-Mitgliedern zählte der auf seiner Wanderschaft 1908 nach Münster gelangte Schriftsetzer

Fritz Henßler. Er übernahm wenig später den Vorsitz im Reichstagswahlkreis Münster–Coesfeld und übte das Amt zwei Jahre aus. Von 1930 bis 1933 war er Abgeordneter im Reichstag und von 1949 bis 1953 im Deutschen Bundestag.

Neben Zentrum und SPD gab es seit etwa 1862 gemäßigt liberale Kreise, ohne dass zunächst deren parteipolitische Präferenz erkennbar gewesen wäre. Erfolge verzeichneten sie zu Zeiten des preußischen Verfassungskonflikts von 1860 bis 1866, als der Einfluss der konservativen Kräfte des katholischen Lagers vorübergehend geschwächt werden konnte. Damit war es nach der Reichsgründung und dem Ausbruch des Kulturkampfs wieder vorbei. Die seit 1866/67 landesweit auftretende Nationalliberale Partei verharrte in einer dauerhaften Außenseiterrolle. Bei den Reichstagswahlen von 1874 bis 1912 errangen ihre Kandidaten durchschnittlich fast 16 Prozent der Stimmen, konnten aber ihren Wählerkreis nie erweitern. Daran änderte auch der Zusammenschluss liberaler und konservativer Kräfte 1907 zu einem „Nationalen Wahlverein“ nichts, obwohl dieser später sogar von rechten katholischen Kreisen unterstützt wurde. Die Bannerträger, Unternehmer und protestantische Universitätsangehörige, waren in die traditionelle städtische Gesellschaft aber selten integriert.

Der hohe Wellen schlagende Kulturkampf, der den Namen der Stadt in weite Teile Deutschlands getragen hatte, ließ bestehende Probleme vergleichsweise bescheiden aussehen. Dabei waren diese vor allem mit Blick auf die weitere Entwicklung von großer Tragweite. Münster hatte sich bis 1870 räumlich nicht über die Promenade hinaus entwickeln können, war aber noch immer der größte Ort Westfalens, mit nur knapp zwei Quadratkilometern Fläche aber auch der am dichtesten besiedelte. So habe die Neuzeit erst begonnen, als die alten Grenzen überwunden wurden, war oft zu hören. Von 1815 bis 1874 nahm die Einwohnerzahl zwar kontinuierlich zu – von 15.000 auf 26.000 –, im Vergleich mit anderen Städten war dies aber nur unterdurchschnittlich. Der Landkreis Münster wies dagegen bis 1850 die geringste Bewohnerdichte im Regierungsbezirk auf, doch der erste städtische Vorstoß 1843, sich auf Kosten der Landgemeinden St. Mauritz, Lamberti und Überwasser zu vergrößern, scheiterte am Widerstand des Landrats des Kreises. Mitte 1846 schien die Sache daher zunächst erledigt.

Langfristig führte kein Weg an der Erweiterung vorbei, wollte man nicht künftig in drangvoller Enge mit allerlei hygienischen Problemen verharren. Inzwischen hatte sich bereits hinter dem Neutor an der Steinfurter sowie an der Grevener Straße eine kleine Vorstadt etabliert, um deren Ruf es aufgrund von Prostitution und Glücksspiel nicht gut bestellt war. Eine weitere Siedlung, die 1848 im Zusammenhang mit dem Bau der Eisenbahn nach Hamm entstand, gab es vor dem Ludgeritor. Dort hatten sich zudem einige Betriebe niedergelassen. 1861 unternahm die Stadt einen weiteren Versuch, doch der Landrat des Kreises Münster wies wegen der zu erwartenden Steuerminderung das Ansinnen erneut zurück. Weitere Gespräche zogen sich danach jahrelang ergebnislos hin. 1872 kam der nächste, nun erfolgreiche Vorstoß. Die Anzahl der vor den Toren der Stadt wohnenden Bürger war mittlerweile auf 8.000 angewachsen. Anfang 1875 erfolgte die Teileingemeindung der drei Bezirke St. Mauritz, Lamberti und Überwasser. Sie traten 23,7 Prozent ihrer Fläche ab. Münster vergrößerte sich von 1,89 auf 10,8 Quadratkilometer, die Einwohnerzahl stieg auf 35.000. Das Stadtgebiet umfasste – nach heutigen geografischen Gegebenheiten – den Bereich zwischen dem Kloster zum Guten Hirten am Prozessionsweg im Osten, dem Coesfelder Kreuz im Westen, dem Meßkamp in der Nähe der Grevener Straße im Norden und der Hammer Straße an der Einmündung der Geiststraße im Süden.

Keine 25 Jahre später waren die mit der damaligen Eingemeindung verbundenen Ziele schon längst wieder überholt. Gegen den neuerlichen Widerstand des Landrats und einflussreicher Landwirte, die der Stadt vorwarfen, bei ihren Expansionsplänen hauptsächlich die steuerstarken Bezirke im Blick zu haben, erlangte die zweite Großeingemeindung am 30. März 1903 Gesetzeskraft. Weitere Teile von St. Mauritz sowie die Gemeinden Überwasser und Lamberti kamen zu Münster, das

Im Juni 1875 wurde der „Westfälische Zoologische Garten“ nach Vorstellungen des Professors für Zoologie, Hermann Landois, eröffnet. Die Ansicht von 1885 zeigt den Eingang mit dem Restaurationsgebäude.

fortan über eine Fläche von rund 66 Quadratkilometern verfügte. Die Einwohnerzahl stieg von 68.000 auf 79.000. Die dazugewonnene Fläche hatte bis zur kommunalen Neugliederung 1975 größtenteils Bestand. 1956 wurde noch Coerde eingemeindet.

Derart rückschrittlich, wie manche die Verhältnisse bis in die zweite Hälfte des 19. Jahrhunderts sahen, waren sie aber nicht, wenngleich die Bevölkerungszunahme der aufstrebenden Kommunen des nördlichen Ruhrgebiets mit Neid betrachtet wurde. Nicht zuletzt stellten deren Gewerbesteuereinnahmen die münsterschen Zahlen in den Schatten. Daraus resultierte ein gewisses Minderwertigkeitsgefühl. 1870 entstand eine der modernsten Badeanstalten Deutschlands, 1872 ging die bisher private, 1853 gegründete Gasanstalt in städtischen Besitz über, 1875 erfolgte die Eröffnung des Zoologischen Gartens und 1878 begann der Bau der Kanalisation. 1880 wurde die öffentliche Wasserversorgung mit einem Hochreservoir im

Als 1886 der Bau eines Kanals von Dortmund in Richtung Nordsee beschlossene Sache war, reagierten Stadt, Verein der Kaufmannschaft und Handelskammer euphorisch. Im Oktober 1899 wurde er eingeweiht.

Buddenturm auf den Weg gebracht, 1885 der Schlachthof in Betrieb genommen und 1888 startete der Nahverkehr mit einem Pferdeomnibusbetrieb. Höhepunkt des Fortschritts war 1901 die Indienststellung des Elektrizitätswerks. Zugleich fuhr erstmals eine strombetriebene Straßenbahn. 1913 umfasste das Schienennetz zwölf Kilometer. In sozialer Hinsicht bewegte man sich zu dieser Zeit mit drei großen und zwei kleinen katholischen Krankenhäusern sowie mit dem evangelischen Johannisstift ebenfalls auf hohem Niveau. Dazu kamen noch die orthopädische Spezialklink, die Hüffer-Stiftung, sowie einige Privatkliniken. 1906 praktizierten 66 Ärzte in der Stadt, im Vergleich mit anderen Kommunen überaus viele.

Keine andere Nachricht hatte Stadt, Verein der Kaufmannschaft und Handelskammer so sehr elektrisiert wie die 1886 vom Preußischen Abgeordnetenhaus angenommene Regierungsvorlage, einen Kanal von Dortmund in

Ludwig Baltzer

Lambertikirche ohne Turm, um 1890: Als dessen Neigung nach 1870 immer bedenklicher wurde, plädierte Stadtdechant Hermann Josef Kappen für den Abriss – zum Unmut der Münsteraner. 1881 begann dennoch der schrittweise Abbruch.

Blick vom Ludgerihof, heute Platz des Stadthauses 2, auf die Stadt, um 1904. Vorne sind die Ludgerikirche, rechts davon der Turm von St. Lamberti sowie die Dominikanerkirche zu sehen, links St. Aegidii, die Überwasserkirche und der Dom.

Richtung Nordsee zu errichten. Münster machte sich sogleich für die Anlage eines Hafens stark und stellte die Gelder hierzu bereit, selbst unter Inkaufnahme von Schulden. Zwischen 1894 und 1908 erwarb die Stadt, der bis dahin lediglich 1,5 Prozent ihres Gebiets gehörten, nahezu 20 Hektar Land für die Erschließung des Hafenbereichs. Dort wäre am Ende noch Platz für ein zweites Becken gewesen. Die Investitionen einschließlich des Geländeerwerbs beliefen sich auf fast 1,6 Millionen Mark, wobei der Ausbau des Hafens allein mit 700.000 Mark zu Buche schlug. Dies entsprach etwa 85 Prozent des Etats jener Jahre. Am 3. November 1896 erfolgte der erste Spatenstich. Eine der Industrieansiedlung förderliche Bauordnung und das Ziel, das Gelände bald mit Gleisanschlüssen zu versorgen, kündeten vom Fortschrittsdenken der Kommunalpolitik. Mit der Kanalanbindung war zugleich ein starkes Bevölkerungswachstum einhergegangen. Von 1905 bis 1914 stieg die Einwohnerzahl von 81.000 auf 100.000, Militär miteingerechnet.

Der Hafeneröffnung am 15./16. Oktober 1899 folgte eine Zeit der Prosperität. Schon im ersten Jahr wurden die Erwartungen des Güterumschlags übertroffen. Daran sollte sich bis 1914, unterbrochen von kleineren konjunkturellen Schwankungen, nichts ändern. Am Hafen ließen sich zahlreiche Firmen, auch auswärtige, nieder, und darüber hinaus brachen einige Betriebe ihre Zelte in der Innenstadt ab, um sich dort anzusiedeln. Zudem erkannten Unternehmer, so aus der Metallverarbeitung, die vorteilhafte geografische Lage zwischen dem rheinisch-westfälischen Industrierevier und der Nordsee. 1911 schlug man bereits 234.700 Tonnen um, darunter neben Baustoffen und Holz vor allem Futtergerste. Im Landhandel hatte sich der Hafen nach Duisburg rasch zu einer überregionalen Größe aufgeschwungen. Wichtigstes Ausfuhrgut war Zement aus Beckum. Seit 1914 begünstigte überdies die Verbindung mit dem Rhein durch den Rhein-Herne-Kanal die weitere wirtschaftliche Entwicklung. Viele Arbeitsplätze entstanden.

Mit dem steigenden Wohlstand nach der Jahrhundertwende ging eine spürbare Veränderung des Stadtbilds einher. Das biedere, pittoreske Münster mit seinen spätmittelalterlichen Gassen und Winkeln schien manchem doch zu rückschrittlich. Als nach 1870 festgestellt wurde, dass sich der Turm der Lambertikirche in bedenklichem Maße zur Seite neigte, erklärten ihn eilfertige Neuerer bald für sanierungsunwürdig. Unter den Bürgern brach ein heftiger Streit über das weitere Vorgehen aus. Während sich viele Münsteraner für den Erhalt aussprachen, plädierten der mächtige Stadtdechant Hermann Josef Kappen und in seinem Schlepptau der Kirchenvorstand für den Abriss. Seiner Ansicht nach seien die Kosten für eine Sanierung zu hoch. Dies rief wiederum einige Architekten auf den Plan, die anderer Ansicht waren. Als sich aber vermehrt Steine aus dem Mauerwerk lösten und Passanten gefährdeten, ließ Kappen 1881 eigenmächtig erste Abbrucharbeiten vornehmen. Danach gab es kein Zurück mehr. 1898, nach längeren Unterbrechungen wegen Geldmangels, war der hochragende neogotische Turm, der dem des Freiburger Münsters ähnlich sieht – andere sagen, den Türmen des Kölner Doms –, vollendet. Nicht wenige Einwohner erblickten in ihm nicht nur eine machtvolle Darstellung zeitgenössischer Kirchenarchitektur, sondern auch ein Symbol für den Sieg der Kirche über den Staat während des Kulturkampfs.

Der eigentliche städtebauliche Wandel vollzog sich außerhalb der Promenade. In neuen Stadtteilen, etwa im Kreuz- oder im Erphoviertel, entstanden ganze Straßenzeilen großbürgerlichen Zuschnitts, darunter viele Mehrfamilienhäuser mit riesigen Zimmerfluchten, ferner eine Reihe repräsentativer Villen. Dort wohnten Universitätsprofessoren, Ärzte, Rechtsanwälte und vor allem Kaufleute. Eines der herausragenden Beispiele dieser Architektur war die 1904/05 im Schatten des Buddenturms errichtete Villa des Unternehmers Robert Terfloth, ein Werk des Baumeisters Alexander Cazin nach einem nordamerikanischen Vorbild.

Mit Kriegsausbruch 1914 änderte sich die Lage schlagartig. Die von der Prosperität des Wilhelminischen Zeitalters geprägte und von einem nahezu unerschütterlichen Fortschrittsglauben erfüllte Gesellschaft hielt die militärische und wirtschaftliche Überlegenheit Deutschlands für so erdrückend, dass der Krieg für sie nur ein kurzes Intermezzo sein würde. Dass unter Umständen ein Millionenheer von Kriegsgefangenen versorgt werden musste, hatten Behörden und Militärs dabei aus den Augen verloren. In die hektischen Planungen wurde bald nach Ausbruch der Kämpfe auch Münster einbezogen. Auf dem Übungsplatz bei Haus Spital, kurz vor Nienberge, errichtete man in aller Eile eines der größten Lager der Region. Daneben gab es ein weiteres an der Pferderennbahn in Höhe des späteren Preußenstadions sowie ein drittes in der im Bau befindlichen Kaserne für das 13. Infanterieregiment an der damaligen Kinderhauser Landstraße, heute Grevener Straße. Von 1914 bis 1918 waren etwa 90.000 Gefangene vorwiegend aus England, Frankreich, Italien und Russland interniert, fast genauso viele, wie die Stadt Einwohner hatte.

Zu Kriegsbeginn herrschte überall eine allgemeine Zuversicht. Sie wurde durch die Ansicht gestützt, dass es sich um eine Auseinandersetzung handele, die Deutschland von seinen Feinden aufgezwungen worden sei, wie dies selbst prominente Kirchenvertreter behaupteten, darunter der bekannte münstersche Moraltheologe Joseph Mausbach. Mit heller Begeisterung hatte die Bevölkerung die ausrückenden Truppen verabschiedet. Von der Euphorie des August 1914 spürte man aber nach wenigen Monaten schon nichts mehr. Je länger der Krieg andauerte, desto mehr verhallten eindringliche Appelle an Vaterlandsliebe und unbedingtes Durchhalten. Angesichts der schlechten Ernte 1916 und erheblicher Transportprobleme verschlimmerte sich die Lage zusehends. Der Krieg war ernährungswirtschaftlich schon 1916 verloren. Die britische Seeblockade schnitt Deutschland von dringend benötigten Rohstoffen ab.

In den Lebensmittelgeschäften bot man nur noch Ersatzprodukte, etwa für Kaffee, an. Kartoffeln oder sonstiges Gemüse gab es bereits lange nicht mehr. Wer keine Verbindungen zur Landbevölkerung hatte, musste sich mit weniger schmackhaften Speisen zufriedengeben. Die Steckrübe, vor 1914 vorwiegend achtlos als Viehfutter verwendet, machte seit 1916 eine un-

Schon Mitte 1915 gab es Probleme mit der Lebensmittelversorgung. Milch wurde knapp und verteuerte sich rapide. Um die Verteilung zu sichern, richtete die Stadt Ausgabestellen für stillende Mütter, Kleinkinder und Kranke ein, wie hier in der Lazarettstraße.

erwartete Karriere und wurde beinahe als Delikatesse gehandelt, zum Leidwesen der an deftiges Essen gewöhnten Münsteraner. Sie wurde das unheilvolle Symbol für Hunger und Entbehrung. Schon 1916 machte das Wort von der „Hungersnot“ die Runde. An Marktständen sah man oft Kinder und Jugendliche, die die Pflasterrinnen nach fortgeworfenen Gemüseresten durchsuchten. Sie bettelten vor Bäckereien um die beim Schneiden abfallenden Brotkrumen und in Obstgeschäften gingen sie die Angestellten um Abfälle an. Ein Pfund Speck kostete 24 Mark, und selbst der Liter Milch, sofern überhaupt erhältlich, blieb für viele unerschwinglich. Wo gelegentlich noch etwas Besonderes zu erhalten war, wie etwa in einem Schokoladengeschäft am Prinzipalmarkt, kam es zu wüstem Gedränge und stundenlangem, aber meist vergeblichem Warten.

Am 9. Februar 1917 heißt es in der Kriegschronik der Stadt „Die Schwierigkeiten wachsen auf der ganzen Linie; die Masse hungert, wird nervöser, unsachlicher, verärgerter und radikaler. Gelingt der U-Bootkrieg nicht, sind wir wohl verloren.

An Kartoffeln haben wir nur noch für eine Woche städtischen Vorrat." Die Misere zeitigte schlimme Folgen. Nicht zuletzt wegen des seit zwei Jahren herrschenden Mangels an Vollmilch stieg die Säuglings- und Kindersterblichkeit rapide an. Darüber hinaus nahm die Tuberkulose im Vergleich zu 1913 um 50 Prozent zu. Allein im Winter 1917 fielen ihr fast 350 Einwohner zum Opfer. Schätzungen gehen davon aus, dass seit 1914 reichsweit etwa 700.000 Menschen an den Folgen von Unter- und Mangelernährung starben.

Die um die Ernährungssicherung bemühte Stadtverwaltung streute allerlei Ratschläge unters Volk, um sogar aus den letzten Resten Nützliches hervorzuzaubern. Zur weiteren Gewinnung von Speisefett sollten fortan ausgekochte Knochen noch einmal verwendet und in einer Entfettungsstelle verwertet werden, teilte Oberbürgermeister Franz Dieckmann im Januar 1917 mit. Selbst die Kohlevorräte reichten hinten und vorne nicht mehr. Zeitgleich verfügte der Magistrat, dass jeder Haushalt nur einen Bezugsschein pro Woche für einen Scheffel Kohle erhielt. Ferner schlossen die Behörden Schulen und das Landesmuseum, um eingespartes Heizmaterial an Krankenhäuser und Lazarette abzugeben. Die Beamten der Landesversicherungsanstalt und der Oberzolldirektion mussten zu Hause arbeiten und trafen sich nur kurz zur Abgabe ihrer Akten. Mehr als 20 Grad unter null zeigte das Thermometer in jenen Tagen.

Bis zum Kriegsende sollten weitere qualvolle 22 Monate vergehen. Die Westfront schien noch fern, aber trotzdem konnte bei entsprechender Wetterlage mit Westwind der Geschützdonner bis nach Münster gehört werden. Ähnliches bemerkte man an anderen Orten, etwa in der Nähe von Mainz. Davon ließen sich nationale Kreise nicht beeindrucken. In Münster waren gleichfalls maßlose Kriegsziele zu hören, vor allem aus Reihen der Professorenschaft. Ganz Belgien mit der Kanalküste und weitere Teile Ostfrankreichs sowie große Gebiete des vormals russisch besetzten Polen sollten annektiert werden. Dies mache einen kommenden Frieden sicherer, hieß es. Als dann im Juli 1917 eine von zahlreichen Reichstagsabgeordneten entfachte Diskussion über den Abschluss eines Verständigungsfriedens einsetzte, war die Empörung in Münster beträchtlich.

Zur großen Überraschung der Bevölkerung verschwand im November das Kaiserreich vom einen zum anderen Tag von der Bildfläche. Angesichts der bis vor Kurzem in der Presse noch immer zu vernehmenden Zuversicht über die Lage an der Westfront hatte mit dem Sturz Wilhelms II. niemand gerechnet. Die kompromisslosen Anhänger eines „Siegfriedens" hatten in Münster wie andernorts Augen und Ohren vor der Wirklichkeit verschlossen. Sie waren nicht nur schlecht informiert, sondern auch weitgehend einer verblendeten nationalistischen Propaganda aufgesessen, die gekonnt Willensstärke als Mittel der Politik zu verbreiten wusste. Dass sich das meinungstragende Bürgertum ausmalen konnte, in welch desolatem Zustand sich das nur noch unzureichend mit Munition versorgte Heer befand, muss bezweifelt werden.

Die ungeliebte Republik von Weimar: **Probleme belasten Münster**

Die alte Ordnung war dahin, die Welt schien am 9. November 1918 zusammenzubrechen. Abgesehen vom Schock über das Ende des Kaiserreichs herrschte in Münster große Angst vor Unruhen und dem Einmarsch meuternder Truppen. Am Nachmittag jenes Tages gab der SPD-Funktionär Emmerich Düren vor dem Schloss bekannt, dass Philipp Scheidemann, Vorsitzender der SPD-Reichstagsfraktion, in Berlin die Republik ausgerufen habe. Wenig später hatte sich unter Mithilfe aufständischer Kieler Matrosen in Münster ebenfalls ein aus acht Mitgliedern bestehender Arbeiter- und Soldatenrat konstituiert. Seine Aufgabe sah er in der Aufrechterhaltung von Ruhe und Ordnung. Dazu verlangte er die Kontrolle über die Stadtverwaltung.

Da die SPD unzulänglich organisiert war, hielt sich der Einfluss des Soldatenrats in engen Grenzen. Die Gefahr, doch noch ins Chaos zu geraten, drohte von anderer Seite. Am 13. November war der Generalsoldatenrat, die zentrale Vereinigung aller Soldatenräte im Bereich des VII. Armeekorps, in Münster auf die Bühne getreten und hatte umfangreiche Forderungen gestellt, darunter die Überlassung der gesamten Befehlsgewalt im nördlichen und mittleren Westfalen, am Niederrhein und in Lippe. Diesem Ansinnen widersetzte sich das Kommando in Münster, so dass es zu erheblichen Spannungen kam. Keinem Ziel kam der Generalsoldatenrat näher, weder dem Abzug der Truppen aus dem Ruhrgebiet noch der raschen Demobilisierung der Armee. Daraufhin glitt er in den kommenden Wochen in radikales Fahrwasser ab und suchte die offene Konfrontation mit der Reichsregierung.

Nahezu zeitgleich entstanden Ende 1918 im Bereich des VII. Armeekorps sogenannte Freikorps, nationalistische Verbände ehemaliger Frontsoldaten. Am 11. Februar 1919 ließ der kurz zuvor ernannte Kommandierende General Oskar Freiherr v. Watter den zunehmend von auswärtigen Kräften unterstützten Generalsoldatenrat durch das „Freikorps Lichtschlag“ und die „Akademische Volkswehr“, eine kurzzeitig aus mehreren Hundert münsterschen Studenten bestehende Truppe, entwaffnen. Das Generalkommando verfügte ja selbst kaum über Truppen. Der Schritt sorgte reichsweit für Aufsehen und löste im Ruhrgebiet vorübergehend einen Generalstreik aus. Dessen Folgen erreichten Münster aber nicht.

Daneben hatte die Stadt im März 1919 die „Münsterische Einwohnerwehr“ auf den Weg gebracht. Vergleichbare Verbände hat es auch andernorts gegeben. Drei Monate später zählte sie bereits 1.400 Mitglieder. Zum Einsatz kam der Trupp nur einmal, nachdem es angesichts der schlechten Lebensmittelversorgung im Juni heftige Proteste gegeben hatte. Anfang April 1920 wurden die Einwohnerwehren, in denen die Siegermächte eine verbotene Militarisierung erblickten, reichsweit aufgelöst.

Durch den Sturz des Kaiserreichs stand die Parteienlandschaft vor einer ungewissen Zukunft. Das Zentrum befand sich in einem Schockzustand. Es sei das Vernünftigste, so die münstersche Parteileitung, die zudem für die westfälische Zentrumspartei sprach, sich jetzt auf den Boden der Tatsachen zu stellen, könne doch nur ein „Irrsinniger“ eine blutige Gegenrevolution befürworten. Die politischen, sozialen und wirtschaftlichen Verwerfungen, die der Krieg hinterlassen hatte, machten es der Partei zunehmend schwer, die frühere Geschlossenheit weiterhin nach außen zu vertreten. Die Interessen waren zu verschieden. „Rechtskatholiken“ standen gegen „Vernunftrepublikaner“, Gewerkschafter gegen Unternehmer. In Münster, wo seit jeher ein konservativer Kurs gefahren und vom gehobenen Bürgertum getragen wurde, stand die Partei, wie erwähnt, auf dem rechten Flügel. Aber selbst diese rechte Position schien manchem Mitglied noch nicht rechts genug. Namentlich in Adelskreisen trat dies markant hervor. Einige der nationalen Köpfe des politischen Katholizismus stammten übrigens aus Münster, darunter die Geistlichen Adolf Donders, Joseph Mausbach und Georg Schreiber.

Die Wahl zur Deutschen Nationalversammlung am 19. Januar 1919 gewann das Zentrum souverän mit 62,1 Prozent der Stimmen. Die linksliberale Deutsche Demokratische Partei holte 10,1 und die SPD 14,3 Prozent. Der von der nationalliberalen Deutschen Volkspartei, der Partei Gustav Stresemanns, und der rechtskonservativen Deutschnationalen Volkspartei neugebildete „Nationale Wahlverein" kam auf 12,2 Prozent. Aus der Wahl zur Preußischen Landesversammlung am 26. Januar ging das Zentrum mit 63,6 Prozent ebenfalls als klarer Sieger hervor. Zudem setzte es sich bei der ersten Reichstagswahl am 6. Juni 1920 mit 55,4 Prozent durch. Kein anderes Bild zeigte sich nach der Abschaffung des Dreiklassenwahlrechts und der Herabsetzung des Wahlalters von 25 auf 20 Jahre bei den Kommunalwahlen am 2. März 1919. Mit fast 59,8 Prozent der Stimmen und mit 38 von 60 Sitzen errang die Partei einen überwältigenden Sieg.

Im politischen Gefüge spielten andere Gruppierungen zunächst keine Rolle. Eine gewisse Konkurrenz war dem Zentrum dagegen im konservativen Lager erwachsen. In der stramm rechten Deutschnationalen Volkspartei, der früheren Deutschkonservativen Partei, die ihren größten Rückhalt in evangelischen Kreisen hatte, sahen selbst manche Katholiken die bessere Alternative. Einig war man sich, wenn auch in unterschiedlicher Ausprägung, in der Ablehnung der republikanischen Staatsverfassung. Feierlichkeiten zur Erinnerung an die Reichsgründung am 18. Januar 1871, vor allem an der Universität, standen allemal in höherem Ansehen als jene zum Gedenken an die Unterzeichnung der Weimarer Verfassung am 11. August 1919. Grundsätzlich hatte das nationale Bekenntnis in katholischen Kreisen inzwischen dazu beigetragen, dass die ehemaligen antipreußischen Ressentiments weitgehend verschwunden waren.

Eine untergeordnete Rolle spielte nach wie vor die lokale SPD, die durchschnittlich rund zehn Prozent der Wählerstimmen erreichte. Wie im Kaiserreich, so vermochte sie sich selbst jetzt keine neuen Wählerschichten außerhalb der Arbeiterschaft zu erschließen. Dass die Sozialstruktur der Stadt ihren Zielen entgegenstand, wusste sie nur zu gut. Da sie kommunalpolitisch kaum Aufmerksamkeit auf sich lenken konnte, thematisierte sie Anliegen auf Reichsebene. Außerdem erwuchs ihr auf der linken Seite mit der Kommunistischen Partei Deutschlands eine ernst zu nehmende Konkurrenz. Bei den acht Reichstagswahlen zwischen 1920 und 1933 erlangte die KPD in Münster im Durchschnitt 4,9 Prozent der Stimmen, auf dem Höhepunkt der Weltwirtschaftskrise 1932 waren es sogar 7,2 Prozent. Im Gegensatz zum Kaiserreich zeigte die berufsständische Zusammensetzung der Stadtverordnetenversammlung jetzt ein anderes Bild. Die Zeiten waren vorbei, in denen das Honoratiorenbürgertum den Kurs bestimmte. Die Ratsherren kamen nunmehr aus allen Bevölkerungs- und Berufsschichten.

Die ersten Monate nach Kriegsende waren in Münster wie in der übrigen Republik von Streiks, Aufmärschen und gewalttätigen Demonstrationen beherrscht, so dass sich General v. Watter Mitte Juni 1919 veranlasst sah, vorübergehend den Belagerungszustand über die Stadt zu verhängen und das „Freikorps Lichtschlag" wieder aufmarschieren zu lassen. Die Proteste ließen in den folgenden beiden Jahren aber keineswegs nach, wozu vor allem die schlechte Ernährungslage und die steigenden Lebensmittelpreise reichlich Anlass boten. Der soziale Abstieg aller Schichten hatte die Talsohle freilich noch nicht erreicht, zumal die Zahl der Arbeitslosen weiter anstieg.

Zu der inneren Krise gesellte sich die äußere. Wie überall in Deutschland hatten die Anfang Mai 1919 bekannt gewordenen Bedingungen des Versailler Friedensvertrags lähmendes Entsetzen hervorgerufen. Es kam zu zahlreichen Protestveranstaltungen gegen den „Gewaltfrieden", und selbst in den Kirchen wurde für einen gerechten Frieden gebetet. Stadtverordnete und Magistrat drückten gleichermaßen ihre Empörung aus und verurteilten die „schrankenlosen und unerträglichen Zumutungen" des Vertrags. Empörung richtete sich auch gegen die Behauptung, Deutschland trage die Alleinschuld am Ausbruch des Weltkriegs. Weiterer Protest erhob sich gegen die Entwaffnungspläne und nicht zuletzt gegen die im folgenden Januar bekannt gewordenen detaillierten Reparationsforderungen.

Der Widerstand gegen „Versailles“ fiel besonders in nationalgesinnten Universitätskreisen auf fruchtbaren Boden. Wortführer des rechten Lagers war der münstersche Rechtswissenschaftler Professor Hubert Naendrup. Im Herbst 1919 gründete er aus vorwiegend fronterfahrenen Studenten die „Akademische Wehr Münster“, nicht zu verwechseln mit der kurzzeitig bestehenden „Akademischen Volkswehr“. Zu ihren Anführern gehörte der später bekannt gewordene protestantische Theologe Martin Niemöller. Die „Wehr“ umfasste etwa 750 Mann und kam im März 1920 während des „Kapp-Lüttwitz-Putsches“ gegen die „Rote Ruhrarmee“ im nördlichen Revier zum Einsatz. In Berlin hatten zu dieser Zeit der Generallandschaftsdirektor Wolfgang Kapp und der General Walther v. Lüttwitz versucht, die Macht im Reich zu übernehmen. Drei Jahre später, nach der Besetzung des Ruhrgebiets durch belgische und französische Soldaten, erhielt die Truppe, die nach dem Ende der Kämpfe im Revier 1920 nur zum Schein aufgelöst worden war und sich bis Juni 1921 dem reichsweit auftretenden und danach verbotenen antirepublikanischen Selbstschutzverband „Organisation Escherich“ angeschlossen hatte, wieder Auftrieb und griff erneut in die Auseinandersetzung ein.

1920 steuerte die durch den Zusammenbruch ausgelöste Wirtschaftskrise ihrem ersten Höhepunkt entgegen. Ende September hatte der seit Kurzem amtierende Oberbürgermeister Georg Sperlich bemerkt, dass angesichts der negativen Preisentwicklung „vier Fünftel der Bevölkerung“ nicht mehr in der Lage seien, menschenwürdig zu leben. Keine 24 Monate später hatten sich die Preise für Waren des täglichen Bedarfs um 200 Prozent verteuert. Analog dazu sank die Kaufkraft der Verbraucher beträchtlich, so dass Rentner, Witwen und das Heer der Arbeitslosen mit ihrer ohnehin schmalen Unterstützung

Prägender Kommunalpolitiker von 1919 bis 1931 war Oberbürgermeister Georg Sperlich. Er versah sein Amt ausgesprochen engagiert, ideenreich und mit sehr viel Weitblick. Gemessen an den schwierigen Zeitumständen war er ein langfristiger Gestalter.

längst nicht mehr auskamen. Besaß die Mark im Oktober 1921 noch ein Hundertstel ihres Werts vom August 1914, so betrug er im Oktober 1922 nur noch ein Tausendstel.

Es sollte alles noch viel schlimmer kommen. Als 1923 die Währung täglich, ja beinahe stündlich an Wert verlor, stand das Versorgungssystem vor dem Zusammenbruch. Die Lebensmittelpreise stiegen in astronomische Höhen, so dass die Bevölkerung trotz regelmäßiger Anpassung ihrer Einkommen an die schwindelerregende Teuerungsrate kaum noch ihren Lebensunterhalt bestreiten konnte. Wiederholt kam es in der Stadt zu Protesten aufgebrachter Bürger; es gab sogar Plünderungen. Die Menschen waren nach dem Ende des Kaiserreichs verzweifelt und verbittert. Sie zahlten jetzt den Preis für dessen Untergang. Im Hochsommer 1923 sah sich daher die Verwaltung veranlasst, Volksküchen einzurichten und Schülerspeisungen vorzunehmen. Außerdem ließ sie Gutscheine zum verbilligten Bezug von Kohle und Lebensmitteln verteilen. Nicht zuletzt gerieten die städtischen Finanzen, die seit 1919 ohnehin auf unsicheren Beinen standen, vollkommen aus dem Lot. Mit Steuer- und Tariferhöhung, Ausgabenreduzierung und Stellenabbau ließ sich dem Finanzchaos aber nicht beikommen. Angesichts der galoppierenden Inflation waren alle Haushaltspläne ohnehin schneller überholt, als die Stadt darauf reagieren konnte. Dabei ging es schon am Anfang um Millionensummen. Zu den Sparmaßnahmen gehörte die

Einstellung des Straßenbahnbetriebs, wodurch 300 Beschäftigte arbeitslos wurden; selbst der Türmer der Lambertikirche erhielt seine Entlassung.

Zu dieser Zeit stellte die Stadt 65 Billionen Mark für den Ankauf von Kartoffeln und Milch bereit, um wenigstens die ärgste Not zu lindern. Auf dem Höhepunkt der Krise zählten von den 105.000 Einwohnern rund 10.800 zum Kreis der Fürsorgeempfänger. Am 8. August kostete der Liter Milch 30.000 Mark, zehn Tage später 100.000 Mark, am 26. August 175.000 Mark und schließlich am 9. September 600.000 Mark. Ein Fünf-Pfund-Brot war am 15. November für 250 Milliarden Mark zu haben. Versuche, der Währung durch Anlehnung der Preise an Sachwerte, etwa Kohle oder Roggen, zur Wertbeständigkeit zu verhelfen, brachten zunächst nicht den erhofften Erfolg. Das Angebot reichte bei Weitem nicht aus, um den Bedarf zu decken. Berlin wies daraufhin die Kommunen an, auf der Grundlage der vom Reich herausgegebenen Geldmarkt-Schatzanweisungen wertbeständiges Notgeld in Umlauf zu bringen. Münster durfte solches für 250.000 Goldmark herstellen. Das Umtauschverhältnis betrug am 20. November 1923: eine Billion Reichsmark = eine Goldmark = 10/42 Dollar = eine Rentenmark. Am Ende der Inflation standen in der Bilanz der Stadtsparkasse Spareinlagen von schier unaussprechlichen 8.575.060.100.000.000 Mark.

Parallel zum wirtschaftlichen und finanziellen Verfall spielte sich vor den Toren Münsters ein politisches Drama ab. Am 11. und 16. Januar 1923 waren etwa 7.000 belgische und 80.000 französische Soldaten ins Ruhrgebiet einmarschiert. Deutschland war angeblich mit seinen Reparationszahlungen in Rückstand geraten. Erst Ende August 1925 zogen sie wieder ab. Das Vorgehen hatte in Münster helles Entsetzen ausgelöst, da Befürchtungen, es könnte unter Umständen selbst besetzt werden, nicht aus der Luft gegriffen waren. Die Truppen standen immerhin in Dortmund und Recklinghausen. Die Folgen bekam man jedenfalls bald, hingegen in anderer Weise zu spüren. In die Stadt strömten 1.200 ausgewiesene Beamte mit ihren Familien.

Sie mussten versorgt werden und stellten die Behörden vor große Herausforderungen. Weil es kaum Wohnraum gab, quartierte man die Betroffenen in Lagern vor der Stadt ein.

Zentrum, SPD, Gewerkschaften und Verbände protestierten sofort und heftig gegen das belgische und französische Vorgehen. Einmütig stellte man sich hinter die Reichsregierung, die zum passiven Widerstand aufgerufen hatte. Dem folgte zwar die Bevölkerung des Ruhrgebiets, aber in Münster ging man noch einen Schritt weiter. Zahlreiche Sabotageakte wurden hier von dem in der Region bekannten Freikorpsführer Franz Pfeffer v. Salomon geplant und zum Teil von dem seit Mitte 1921 mittlerweile im „Westfalen-Treubund" organisierten Wehrverband des schon erwähnten Professors Naendrup ausgeführt. Die Zerstörungen, vor allem bei der Eisenbahn, waren beträchtlich. Um außenpolitischen Schaden abzuwenden, ging die Reichsregierung gegen diese Kreise vor, was wiederum im nationalen Lager der Stadt auf Empörung stieß. Angeheizt wurde die Stimmung durch die am Drubbel ansässige „Westfälische Landeszeitung", die fortwährend für „Rechts" trommelte und dabei den preußischen Innenminister und Reichskommissar für das Ruhrgebiet, den aus Bielefeld stammenden Carl Severing, oft hart anging. Die Folgen blieben nicht aus. Am 23. Juni 1923 verübten zwei Mitglieder des „Stahlhelm-Bundes" wegen unliebsamer Kommentierung der Ereignisse im Revier ein Sprengstoffattentat auf die SPD-Zeitung „Volkswille" in Münster. Dabei nahm die Druckerei in der Burgstraße schweren Schaden.

Vom Krisenjahr 1923 profitierte in Münster die nationalistische Rechte, darüber täuschte selbst die Dominanz des Zentrums nicht hinweg. Neben München und einigen Orten Mitteldeutschlands war die Stadt seit 1920 Sammlungsort der völkisch-nationalen Bewegung geworden. Das hing mit der räumlichen Nähe zu den von Truppen der Siegermächte besetzten Gebieten in der Rheinprovinz zusammen. Zu den stärksten Gruppierungen zählte der 1919 gegründete und nach dem Mord an Außenminister Walther Rathenau 1922 in Preußen wieder verbotene „Deutschvölkische Schutz- und Trutzbund" mit immerhin rund 600 Mitgliedern. Führender rechter Aktivist war der schon erwähnte Franz Pfeffer v. Salomon. Seit Mitte der 1920er-Jahre wohnte er in Münster. Nach dem reichsweiten NSDAP-Verbot im November 1923 diente er sich dem „Völkisch Sozialen Block“ an. In ihm hatten sich – wenn auch nur kurz – große Teile des ultrarechten politischen Spektrums zusammengeschlossen. Am 14. September 1924 kamen nach Schätzung der Polizei rund 2.000 Anhänger zu einem „Deutschen Tag“ nach Münster. Ehrengast war der 1916 zum eigentlichen Beherrscher des Kaiserreichs aufgestiegene General Erich Ludendorff. Auch Ernst Röhm, 1930 als oberster SA-Mann Pfeffers Nachfolger, gab sich die Ehre. Pfeffer war 1926 von Adolf Hitler in das Amt berufen worden. Vom „Deutschen Tag“ ging außer einer kurzzeitigen Propagandawirkung nicht viel aus. Bei der Reichstagswahl am 4. Mai 1924 erreichten die Völkischen in der Stadt über fünf Prozent der Stimmen, bei der gleichzeitig stattfindenden Kommunalwahl nur 2,7 Prozent.

Im Wählerwillen des Jahres 1924 drückte sich noch eine andere Entwicklung aus: Das Zentrum verlor erheblich an Zustimmung und musste sich bei der Kommunalwahl am 4. Mai 1924 mit nur 36,9 Prozent der Stimmen zufriedengeben. Selbst die SPD brachte es nach 13,1 jetzt nur noch auf 8,8 Prozent. Als Folge der Finanzkrise waren zwei wirtschaftlich ausgerichtete Mittelstandsparteien angetreten und hatten es zusammen auf 28,4 Prozent gebracht. Dieser Erfolg erwies sich als Strohfeuer. Langfristig konnten beide Gruppierungen ihre Wähler nicht halten. Unter den Vorzeichen der sich bessernden wirtschaftlichen Lage fand dann das Zentrum von Neuem zu alter Stärke zurück. Bei der Reichstagswahl am 7. Dezember 1924 errang die Partei wieder 51,6 Prozent.

Der Weltkrieg hatte viele schon vor 1914 erkannte soziale Probleme nur verschoben. Nach 1918 litten die Städte erst recht unter der Wucht des Niedergangs. Für die zurückkehrenden Soldaten gab es weder genügend Arbeit noch Unterkunft, angesichts der politischen und wirtschaftlichen Lage ein Sprengpotenzial ohnegleichen. 1921 suchten allein in

Zu den großen Problemen nach dem Weltkrieg gehörte die Wohnungsnot. Seit 1920 errichtete die Stadt mithilfe von Wohnungsbaugesellschaften neue Siedlungen, darunter die „Gartenvorstadt Habichtshöhe".

Münster über 4.000 Familien eine Wohnung. Franz Dieckmann, Oberbürgermeister von 1916 bis 1920, sah in dieser Misere das größte soziale Problem der Stadt. Die Lösung erblickte er in der Erschließung neuen Baulands. Vergleichbar der 1913 begonnenen Siedlung „Blitzdorf" zwischen Warendorfer Straße und Schiffahrter Damm sollten mithilfe gemeinnütziger Bauvereine Unterkünfte im Bereich zwischen Weseler Straße, Hammer Straße und der Bahnlinie nach Dortmund gebaut werden. Dieses ländliche Areal auf der Geist hatte die Stadt 1918/19 erworben, „Gut Insel" bereits 1911. Es umfasste rund 150 Hektar. Darüber hinaus erwarben Wohnungsbaugesellschaften umfangreich Boden. Das Gelände eignete sich insofern recht gut, als man ohnehin an eine „Siedlung im Grünen" gedacht hatte. Neben Mehrfamilienhäusern waren kleine Eigenheime geplant. Die Grundstücke waren oftmals so bemessen, dass in den Gärten Gemüse und Obst angebaut werden konnte.

Im Sommer 1921 begannen die Bauarbeiten. Als erste ließ die „Gemeinnützige AG für Angestellten-Heimstätten" 54 Reihenhäuser und 70 Wohnungen in der Wörth- sowie in der Weißenburgstraße erstellen. Angeregt durch das erste erfolgreiche Vorhaben zog die Kriegsheimstätten-Genossenschaft auf einem Areal am Düesbergweg mit etwa 150 Kleinhäusern nach. Die gigantische Inflation brachte den gemeinnützigen Wohnungsbau aber zunächst zum Erliegen. 1924 nahm die Stadt schließlich das bisher größte Vorhaben in Angriff, die Siedlungen „Habichtshöhe" und „Grüner Grund". 1931 waren sie fertig. In 650 Wohnungen unterschiedlicher Größe fanden 3.000 Bewohner eine Bleibe. Die nach englischen Vorbildern konzipierte „Gartenvorstadt Geist" stieß reichsweit auf Anerkennung. Weitere Bauten jener Zeit finden sich noch heute quer durch die Stadt, so am Bohlweg, am Dahlweg, in der Görresstraße, in der Grevener Straße, am Kappenberger Damm, am Niedersachsenring oder am Sentmaringer Weg. Die engagierte Sozialpolitik brachte jedoch nur zum Teil Abhilfe. Die Zahl der Wohnungssuchenden wuchs stetig weiter. 1926 waren es noch immer fast 4.800 Familien.

Die wirtschaftliche Not hatte sich in der zweiten Hälfte des Jahrzehnts etwas gemildert. Münsters Handel und Industrie blickten deshalb hoffnungsvoll in die Zukunft. Der Aufschwung währte aber nur vier Jahre. 1929 geriet die Wirtschaft wieder in Schwierigkeiten. Kurzarbeit und Massenentlassungen, manchmal sogar von mehr als zwei Dritteln der Belegschaften, waren an der Tagesordnung. Derart reagierten jedoch nicht alle Firmen. Der Lackhersteller „Glasurit" und die „Sauerstoffwerke AG", die spätere „Westfalen AG", antworteten mit einer Ausweitung ihrer Produktpalette. Auch die Firma „Winkhaus" mit ihren Qualitätsschließanlagen überstand die Weltwirtschaftskrise einigermaßen unbeschadet, weil sie sich frühzeitig auf den Export konzentriert hatte.

Aber selbst in der Phase der kreditfinanzierten Scheinblüte seit 1924 zählte man durchschnittlich 2.600 Arbeitslose. 1929 schlug das im Etat mit 3,1 Millionen Mark zu Buche, etwa 15

Prozent des Haushalts. 1932, auf dem Höhepunkt der Misere, ging es mit 4,4 Millionen Reichsmark um ganz andere Summen. Dabei beliefen sich 1928 die Schulden bereits auf 25 Millionen Mark, nach heutiger Kaufkraft fast 90 Millionen Euro. Münsters Handlungsspielraum schränkte sich hierdurch mehr und mehr ein. Die Zahl der Erwerbslosen war 1932 bei 123.000 Einwohnern auf 6.900 angestiegen. Die Lasten konnte die Stadt jedoch nicht allein tragen. Verschiedene Vereine, politische Parteien und vor allem die katholische Kirche leisteten vielfältige Hilfe zur Linderung von Hunger und Not. Im Februar 1932 registrierte man eine Arbeitslosenquote von 13 Prozent, in Dortmund betrug sie 30 Prozent. Unter allen deutschen Großstädten verzeichnete Münster gleichwohl die geringste Not, so äußerte sich der letzte Oberbürgermeister vor 1933, Georg Sperlichs Nachfolger Karl Zuhorn, nach dem Krieg. Lediglich 30 Prozent der Erwerbstätigen seien in Industrie und Handel beschäftigt gewesen, nahezu gleich viele in Dienstleistungsberufen. Schon vor Hitlers „Machtergreifung“ im Januar 1933, vermerkte Zuhorn weiter, sei ein Ende der Wirtschaftskrise zu beobachten gewesen.

Um Erwerbslose zu beschäftigen, hatte man früh Arbeitsbeschaffungsmaßnahmen auf den Weg gebracht. Diese kamen bei der Errichtung des Flughafens Loddenheide, im Straßen- und im Siedlungsbau sowie bei der Gewässerregulierung zum Tragen. Das größte Vorhaben betraf die Anlage des Aasees. Die Ausschachtungsarbeiten gingen 1926 nur schleppend voran. Zwei Jahre später stand der erste Teil im verlängerten Bereich des Aegidiitors vor seiner Vollendung. Im Oktober 1930 begann der zweite, auf 1,7 Millionen Mark veranschlagte Abschnitt. Hierzu wurden 75 Erwerbslose angestellt. Ihr Lohn konnte durch ein günstiges Darlehen der Arbeitslosenversicherung beglichen werden. 1931 war der Aasee in Richtung der Torminbrücke fertiggestellt. Mit diesen Maßnahmen allein ließ sich der Beschäftigungskrise freilich nicht beikommen.

Prägender Kommunalpolitiker von 1919 bis 1932 war Oberbürgermeister Georg Sperlich. Der aus Beuthen in Oberschlesien gebürtige national orientierte Jurist versah sein Amt ausgesprochen engagiert, ideenreich und vor allem mit sehr viel Weitblick, galt jedoch als nicht frei von unkollegialen Eigenmächtigkeiten. Gemessen an den durch die wirtschaftliche Lage begrenzten Möglichkeiten muss er als langfristiger Gestalter angesehen werden. Zu den Verdiensten gehörten die Förderung des Wohnungsbaus, die Errichtung der Bahnlinie nach Dortmund, die Erschließung des Flugplatzes Loddenheide, die Ausweitung des Straßennetzes, die Anlage des Friedhofs Lauheide, der Bau der Halle Münsterland, die Eröffnung der städtischen Handelslehranstalten und nicht zuletzt die Bewahrung des Verwaltungsstandorts. Er scheiterte gleichwohl mit manch hochfliegenden Plänen, darunter mit den bereits weit gediehenen Bemühungen, der Universität eine technische Fakultät anzuschließen. Obwohl die zuständigen Ministerien in Berlin schon zugestimmt hatten, verhinderte letztlich Preußens Finanznot das Vorhaben.

Bei allem ließ sich der Oberbürgermeister stets von dem Gedanken leiten, Münsters Stellung innerhalb Westfalens zu bewahren und auszubauen. Mit Argwohn hatte er seit Amtsbeginn 1920 beobachtet, dass Dortmund sich anschickte, seiner Stadt den Rang als Westfalenmetropole abzulaufen. Da das Ruhrgebiet von 1923 bis 1925 infolge der Besetzung durch belgische und französische Truppen in seinem Handlungsspielraum stark eingeschränkt war, fiel dies nicht weiter auf. In Münster wollte man sich die Stärkung der eigenen Position trotz aller nationalen Solidarität hingegen nicht entgehen lassen. Sperlich, von der Idee einer überregionalen Tagungsstadt fasziniert, drängte auf die rasche Errichtung eines möglichst imposanten Veranstaltungsgebäudes. Dabei spielte zudem die Sicherung des Agrarstandorts eine entscheidende Rolle. Anfang 1925 begannen die Arbeiten dazu auf dem Gelände des ehemaligen Gaswerks am Hawerkamp.

Die Freude über die 5.000 Quadratmeter große Halle Münsterland im April 1926, an deren Fertigstellung sich drei westfälische Viehzuchtvereinigungen beteiligt hatten, war indessen getrübt. Aus den geplanten Kosten von ursprünglich 180.000 Mark wurden zunächst 465.000 Mark, am Ende sogar 835.000 Mark, wobei darin die Entschädigung an einen enteigneten Grundstückinhaber enthalten war. Mehr noch: Dortmund hatte inzwischen zum „Gegenschlag" ausgeholt und mit der Westfalenhalle im November 1925 einen weitaus größeren Komplex erstellt. Bei der Überprüfung der Akten geriet der Oberbürgermeister ins Visier von Kommunalpolitik und Verwaltung, da er den Startschuss zum Bau ohne die letzte Zustimmung der Stadtverordneten erteilt hatte. Sein Sturz vier Jahre später hing mit dieser und einer vergleichbaren Affäre kurz zuvor zusammen. Sperlichs letzter großer Plan, die Umgestaltung des Hindenburgplatzes im Sinne der ursprünglichen Konzeption Schlauns mitsamt der Errichtung eines neuen Justizgebäudes, scheiterte am Widerstand von Stadtverordneten und der Bürgerschaft. Angesichts fehlender finanzieller Mittel wäre das Vorhaben kaum zu verwirklichen gewesen.

Auch mit dem Bau der wichtigen Umgehungsstraße hatte der Oberbürgermeister kein Glück. Dabei wusste er nur zu gut, dass Münster seinen Anspruch als westfälische Metropole verkehrspolitisch untermauern musste. Wegen der dichten Bebauung innerhalb des Promenadenrings sollte der Fernverkehr langfristig an ihr vorbeigeleitet werden, hieran bestand kein Zweifel. Um die rundherum entstehenden Stadtteile besser miteinander verknüpfen zu können, dachte man darüber hinaus an die Anlage von Ringstraßen. Zu den ersten zählte der Westring. Nach dem Vertrag mit Preußen über den Bau der Universitätskliniken 1913 hatte sich die Stadt verpflichtet, die Krankenhäuser mit der Innenstadt zu verbinden. 1927 waren sich Münster, die Umlandgemeinden und der Provinzialverband dann über die weitere Planung einer Umgehungsstraße einig. Sie sollte kreisförmig von Nienberge über Roxel, Amelsbüren, Hiltrup und St. Mauritz verlaufen und an das Reichsstraßennetz angeschlossen werden. Da man sich aber nicht über die Ausgaben verständigen konnte, blieb die Planung im Ansatz stecken. Nach 1933 nahm der Staat das Projekt wieder auf, zum einen, weil reichsweit die Pläne für ein Autobahnnetz Gestalt annahmen, zum anderen, weil strategische Gründe für die dort beheimateten

Wehrmachtseinheiten in den Vordergrund rückten. 1938 verbreitete die Presse, dass die Straße in zwei bis drei Jahren vollendet sein werde. Der Kriegsausbruch 1939 verhinderte dies. Erst zwischen 1956 und 1960 wurde sie schrittweise dem Verkehr übergeben.

Sperlichs Bemühungen gingen jedoch weit über wirtschaftliche und infrastrukturelle Planungen hinaus. Wie kein zweiter Politiker seiner Zeit hatte er die intensive Förderung der kulturellen Rolle Münsters im Blick. Schon früh dachte er daran, ein repräsentatives Stadttheater auf den Weg zu bringen, zumal sich die bisherige Bühne im seit 1895 genutzten Romberger Hof dafür nicht sonderlich eignete, von den höheren Ansprüchen des Publikums ganz abgesehen. Für vier Millionen Mark sollte ein Haus mit 1.100 Plätzen errichtet werden. Als Standort war auch der Ludgeriplatz im Gespräch. Die heraufziehende Weltwirtschaftskrise machte jegliche Pläne zunichte. Zum Kanon der kulturellen Ambitionen des Stadtoberhaupts gehörten ferner Bemühungen um die Förderung des Fremdenverkehrs. 1928 gab er den Anstoß zur Gründung des Verkehrsamts. Damit ging eine spürbare publizistische Aufwertung einher. Der Werbeslogan „Münster – Westfalens schöne Hauptstadt" entstand in jener Zeit. Nicht zuletzt hatte Sperlich den Karneval als probates Mittel zur Förderung des städtischen Ansehens entdeckt. Auf seine Initiative hin fand nach 16 Jahren Pause 1930 wieder ein Narrenumzug statt.

Erfolg hatte die Stadt, wenn auch nur für kurze Zeit, auf einem anderen Feld. Um Deutschlands Westen mit Radiosendungen zu informieren und zu unterhalten, hatte der Generaldirektor der Stadtwerke, Richard Tormin, 1924 vorgeschlagen, einen Reichssender aufzubauen. Das Vorhaben stieß sogleich auf Zustimmung, da dieser infolge der Besetzung des Rheinlands durch Frankreich nicht in Köln betrieben werden konnte. Die „Westdeutsche Funkstunde" war am 10. September erstmals zu hören. Größere Investitionen im umgestalteten Generatorenhaus auf dem Gelände der Stadtwerke unterblieben, da nach dem zu erwartenden Abzug der Franzosen der Sender umziehen sollte. Die Ansage „Hier spricht Münster auf Welle 410" konnte in weiten Teilen Mittel- und Nordeuropas gut empfangen werden. Zur Verbreitung hatten besonders lokale Unterhaltungskünstler beigetragen. Der bekannteste war der singende Bierbrauer Karl „Pinkus“ Müller. Selbst die erste Übertragung eines Fußballspiels in Deutschland stammte aus Münster. Sportreporter Bernhard Ernst berichtete am 1. November 1925 aus dem Stadion an der Hammer Straße über das Oberligaspiel zwischen Preußen Münster und Arminia Bielefeld. Elf Monate später zog der Sender nach Köln um, fraglos ein Prestigeverlust.

Nachdem der Deutsche Katholikentag wegen des Kriegsausbruchs 1914 nicht in Münster stattfinden konnte, dauerte es 16 Jahre, ehe er nachgeholt wurde. Aber auch 1930 war es um die Zeitumstände schlecht bestellt, denn inzwischen hatte die Weltwirtschaftskrise Deutschland erfasst. Die 69. Versammlung stand unter dem Leitmotiv „Volkserziehung und Katholizismus“. Vom 4. bis zum 7. September kamen mehr als 100.000 Gläubige zu den zahlreichen Veranstaltungen. Da die Platzverhältnisse begrenzt waren, sprang das „Autohaus Kiffe“ ein und stellte seine neben der Halle Münsterland gelegenen großen Ausstellungsräume zur Verfügung. Am Schlussgottesdienst, erstmals in der Geschichte der Katholikentage im Radio übertragen, nahmen auf dem Hindenburgplatz über 130.000 Gläubige teil. Dazu hatten sich Reichskanzler Heinrich Brüning, die deutschen Bischöfe und der päpstliche Nuntius Cesare Orsenigo eingefunden. Von Münster ging kein Signal aus. Die Katholikentage konnten allenfalls Denkanstöße vermitteln.

Bei diesem Anlass hatte Sperlich noch einmal einen großen Auftritt. Dass der auf dem rechten Zentrumsflügel beheimatete Politiker am Ende über mehrere Bauskandale stürzte, war aber nicht nur die Folge eigenen Fehlverhaltens, sondern auch Ausdruck permanenter und von persönlichen Zügen geprägter Machtkämpfe in der örtlichen Zentrumspartei zwischen dem linken und dem rechten Flügel. Am 20. Mai und am 15. Juli 1931 sprachen sich die Stadtverordneten gegen seine Wiederwahl aus. Am 3. November wurde Karl Zuhorn neuer Oberbürgermeister. Ende Februar 1932 trat Sperlich aus der Zentrumspartei aus.

Auf dem Weg in die Katastrophe: **Das alte Münster versinkt in Trümmern**

Die Nationalsozialisten taten sich in einer der Hochburgen des Zentrums in Deutschland schwer und spielten im politischen Leben zunächst keine Rolle. Die mitgliederschwache Ortsgruppe, die 1922 aus einem Stammtisch entstanden war, gehörte zwar zu den frühesten Gründungen in Westdeutschland, brachte es aber erst 1932 auf rund 1.250 Aktivisten. 1923/24 verschwand sie sogar von der Bildfläche und ging im völkisch-nationalen Lager auf. Bei den Reichstagswahlen im Mai 1928 machte sie mit 607 Stimmen auf sich aufmerksam. Die NSDAP verfügte zu dieser Zeit über rund 80 Mitglieder. Dreizehn Prozent von ihnen waren untere und mittlere Beamte, 23 Prozent Studenten, die beiden größten Gruppen. Bei der Kommunalwahl am 30. März 1930 wie schon bei der ungültigen Abstimmung im Vorjahr konnte sie ihre Stimmen dann mehr als verdoppeln und zog mit einem Mandat in die Stadtverordnetenversammlung ein.

Erst bei der Reichstagswahl vom 14. September 1930 – im Zeichen der sich verschärfenden Weltwirtschaftskrise – gelang den Nationalsozialisten mit 9,3 Prozent, das entsprach 5.700 Wählerstimmen, mehr als ein Achtungserfolg. Im Vergleich zum reichsweiten „Erdrutsch“ von 18,3 Prozent nahm sich diese Anzahl jedoch bescheiden aus. Der Einbruch in bürgerliche Wählerschichten war Adolf Hitlers Anhängern, die zumeist zwischen Wolbecker Straße und Hansaring sowie im Umfeld des Dahlwegs wohnten, geglückt. Die Wähler rekrutierten sich hauptsächlich aus dem Kreis der kleinen Angestellten, Beamten sowie Gewerbetreibenden. Mit 49 Prozent konnte die Zentrumspartei 1930 zwar noch ein achtbares Ergebnis erzielen, fraglos auch Ausdruck der Solidarität mit dem seit Ende März 1930 amtierenden und aus Münster stammenden Reichskanzler

1931 ging die münstersche NSDAP in die Offensive und hielt erstmals Großveranstaltungen ab, so am 11. Juni im Schützenhof an der Hammer Straße. Zu den Rednern vor überwiegend bürgerlichem Publikum zählte der spätere Gauleiter Alfred Meyer.

Heinrich Brüning, aber die fortschreitende Arbeitslosigkeit trieb Adolf Hitler die Wähler in Scharen in die Arme.

Münster war im Oktober 1932 nach der im Januar 1931 vollzogenen Teilung des NSDAP-Gaus Westfalen zur Hauptstadt des Gaus Westfalen-Nord aufgerückt. Zu ihm gehörten die Regierungsbezirke Münster und Minden sowie die Länder Lippe und Schaumburg-Lippe. An die Spitze trat der Leiter des Bezirks Emscher-Lippe, der altgediente Parteigenosse Alfred Meyer. Nach 1933 fiel der Stadt im Verwaltungsgefüge des NS-Staats eine – gemessen an ihrer Größe – herausragende Rolle zu, weshalb es reichsweit nirgendwo sonst derart viele Verwaltungsstellen von Staat und Partei gab wie in Münster. Dazu zählten die Gauleitung Westfalen-Nord mit 21 Ämtern, die Kreisleitung Münster-Warendorf mit acht Ämtern, weiterhin, jeweils mit eigenen Verwaltungen oder Dienststellen, die NS-Volkswohlfahrt, die Deutsche Arbeitsfront, die NS-Gemeinschaft „Kraft durch Freude", die NS-Frauenschaft, die SA-Brigade 66, der SS-Abschnitt XVII, das NS-Kraftfahrkorps, das NS-Fliegerkorps, die Gebietsführung Westfalen der Hitler-Jugend, die Obergauführung Westfalen des Bundes Deutscher Mädel sowie die Gaufrauengeschäftsleitung. Dazu gab es noch den „Reichsnährstand" mit seinen landwirtschaftlichen Organisationen, den Reichsarbeitsdienst, die Reichskulturkammer und den Reichsluftschutzbund. Weitere Ämter der Kriegsverwaltung kamen nach 1939 hinzu.

Ferner hatten in Münster verschiedene Polizeieinrichtungen ihren Sitz, darunter seit 1935 die der Berliner Geheimen Staatspolizei, der „Gestapo", unterstehende Staatspolizeistelle, des Weiteren von 1940 bis 1944 der Befehlshaber der Ordnungspolizei im Wehrkreis VI, dem bevölkerungsreichsten und größten im Reich. Er bestand aus dem Gebiet des heutigen Nordrhein-Westfalen und des Bereichs Osnabrück; seit 1940 gehörte auch das östliche Belgien dazu. Die von Münster aus befehligten Verbände mit rund 200.000 Mann beteiligten sich in erheblichem Maße an der Deportation und der Ermordung von Juden in Osteuropa. Ihren Sitz hatte die Behörde in der Villa ten Hompel am Kaiser-Wilhelm-Ring. Die „Aufwertung" Münsters im NS-Staat ließ die Zahl der Verwaltungsangestellten beträchtlich ansteigen. 41,6 Prozent der Berufstätigen waren im öffentlichen Dienst beschäftigt. Demgegenüber standen 24 Prozent in der Industrie, die fast sechs Prozentpunkte gegenüber den Vorjahren eingebüßt hatte.

Nach der „Machtergreifung" am 30. Januar 1933 dauerte es länger als ein Vierteljahr, ehe die NSDAP die Stadt in den Griff bekam. Ihre Machtstellung spiegelte sich vor allem im Ergebnis der Reichstagswahl vom 5. März 1933 wider. Nach einem von Tumulten begleiteten Wahlkampf gewann sie 36,1 Prozent der Stimmen. Im November 1932 waren es nur 24,8 Prozent gewesen. Auf das Zentrum entfielen 41,6 Prozent, sechs Prozent

Nach Hitlers „Machtergreifung“ Ende Januar 1933 dauerte es noch ein Vierteljahr, ehe die NSDAP die übrigen Parteien ausschalten konnte. Danach stellte sich die neue Stadtspitze mit Oberbürgermeister Albert Hillebrand, vierter von rechts, im SA-Hemd, auf dem Sentenzbogen des Stadtweinhauses zur Schau.

weniger als zuvor. Am 6. März wurde die Hakenkreuzfahne auf dem Rathaus gehisst. Oberbürgermeister Karl Zuhorn hatte vergeblich dagegen protestiert. Die endgültige Wende brachte die Kommunalwahl vom 12. März 1933, nachdem der kommissarische preußische Innenminister Hermann Göring am 8. Februar alle Stadtparlamente aufgelöst hatte. In Münster besaß die NSDAP selbst danach keine absolute, aber mit 20 Mandaten gegenüber 19 für das Zentrum die einfache Mehrheit – 40,2 Prozent der Bürger hatten für Hitlers Partei, 39,7 Prozent für das Zentrum votiert. Letztlich bedeutete dies eine Enttäuschung, hatte man doch nach dem nationalen Taumel der letzten Wochen mit mehr Stimmen gerechnet. Zusammen mit den fünf Mandaten der deutschnationalen „Kampffront Schwarz-Weiß-Rot“ sowie der Mittelstandspartei verfügte „Rechts“ über die Mehrheit. Die SPD spielte mit lediglich drei Sitzen keine Rolle. Dem Druck der neuen Verhältnisse hielt das Zentrum nicht mehr lange stand. Neun der 19 Fraktionsmitglieder gaben ihr Mandat bis Ende Mai zurück. Die Nachrücker waren bis zum „Ende der Parteien“ Anfang Juli nur noch Staffage.

Die NSDAP-Stadtverordneten begehrten in der ersten Sitzung am 3. April, in der gleich auch ohne lange Diskussion Adolf Hitler und Paul v. Hindenburg mit der Ehrenbürgerwürde bedacht wurden, Auskunft über einige ihrer Ansicht nach vertuschte Skandale in der Verwaltung. Sie forderten die Einsetzung eines Untersuchungsausschusses – wohlkalkulierte Aktionen, um das Zentrum in Schwierigkeiten zu bringen und letztlich auszuschalten. Erste Ergebnisse wurden in den folgenden Sitzungen präsentiert. Es ging um den Vorwurf der Verschwendung von Steuergeldern und um die angeblich katastrophale Lage der städtischen Finanzen. Die Folge war eine Misstrauenserklärung gegenüber dem Magistrat. Oberbürgermeister Karl Zuhorn wurde ultimativ zum Rücktritt aufgefordert. Auf Anordnung Görings beurlaubte ihn Regierungspräsident Hermann Pünder am 19. Mai. Zugleich wurde zwei Magistratsmitgliedern der Stuhl vor die Tür gesetzt. Göring entließ Pünder übrigens wenig später. Die Diffamierungskampagne gegen die frühere Stadtspitze hielt in den folgenden Monaten noch an, fand aber ein abruptes Ende, nachdem sich die Vorwürfe, die Stadt sei maßlos überschuldet, plötzlich als haltlos erwiesen.

Nach der Ausschaltung der Stadtspitze hatte die NSDAP in einer der letzten deutschen Großstädte die Macht an sich gerissen. Neues Stadtoberhaupt wurde der 1931 hierher versetzte Obersteuerinspektor Albert Hillebrand. Viel zu sagen hatten die Oberbürgermeister in der NS-Zeit aber nicht. Gauleiter Alfred Meyer und Kreisleiter Ernst Mierig gaben die Richtlinien vor. Dass die neuen Herren in der Bevölkerung verankert gewesen wären, kann nicht gesagt werden. Sie blieben Ortsfremde. Gleiches galt für die Regierungspräsidenten und ohnehin für die Repräsentanten der Partei.

Die „Machtergreifung" in Rat und Verwaltung war, wie überall, nur der Beginn einer radikalen Umwälzung. Die Besetzung des Gewerkschaftshauses Ende März, die Boykottaktionen gegen jüdische Geschäftsinhaber sowie Schikanen und Berufsverbote gegen jüdische Ärzte, Anwälte und Professoren im April, die Vernichtung „undeutscher" Literatur am 10. Mai auf dem Hindenburgplatz – unter reger Beteiligung von Studentenverbindungen und Bürgern – sowie nicht zuletzt das Verbot der katholischen Vereine und Verbände im Juli ließen das ganze Ausmaß sichtbar werden. Im Grunde genommen befand sich die Stadt schon seit März 1933 fest in der Hand der NSDAP. Die emotionale „Machtergreifung" mit Umzügen, Veranstaltungen und Fahnenappellen hatte längst breite Volksschichten erreicht. Die Partei wollte viel nachholen.

Im Fall Münsters kam noch ein anderes Phänomen hinzu: Kaum anderswo hatte sich der Nationalsozialismus derart antikatholisch gebärdet wie hier. Hasserfüllte Ausfälle gegen die Kirche und ihre Rolle in der Geschichte Münsters waren bis 1945 aus allen Schichten der Partei zu hören. Im politischen Katholizismus erblickte die Kreisleitung 1937 den gefährlichsten Feind des „Dritten Reichs", darin eingeschlossen führende Repräsentanten des Laienkatholizismus und Vertreter der christlichen Unternehmerschaft. Weil es aber in den ersten

Jahren kaum möglich schien, gegen die Kirche grundlos vorzugehen, und zudem das Konkordat zwischen dem Deutschen Reich und dem Hl. Stuhl im Juli 1933 hinderlich war, hielt man sich an jenen Kreisen schadlos, die nach wie vor den alten Zentrumsgeist repräsentierten. Das betraf zunächst das Presse- und Verlagswesen.

Im Frühjahr 1933 wurde der „Münsterische Anzeiger", die größte Zeitung der Stadt, „gleichgeschaltet". Ende 1935 nötigte die NSDAP die Verlegerfamilie Hüffer zu einer Beteiligung. Im Falle der Weigerung drohte Gauleiter Alfred Meyer mit der Gründung eines eigenen Blatts. Die Inhaber ließen ihn aber wissen, dass sie es strikt ablehnten, die Zeitung in ein „Kampfblatt" umzuwandeln. Insbesondere würden sie sich nicht an der Hetze gegen Juden beteiligen. Ein Jahr später ließ der Gauleiter die Maske fallen und warf dem „Anzeiger" vor, dass er den an die Presse im nationalsozialistischen Staat gestellten Anforderungen nicht gerecht geworden sei. Unter dem wachsenden Druck sahen sich die Besitzer deshalb gezwungen, im Mai 1937 ihre restlichen Anteile an die NSDAP zu veräußern. Die Entschädigung entsprach allerdings nur einem Bruchteil des tatsächlichen Werts. Der Zeitungstitel blieb noch drei Jahre bestehen. Seit dem 1. Juli 1940 lautete er dann „Westfälische Tageszeitung". Infolge der fortschreitenden Zerstörung der Druckerei stellte die Zeitung im März 1945 ihr Erscheinen ein.

Ins Blickfeld der NSDAP gelangte seit 1933 auch der traditionsreiche katholische Verlag „Regensberg". Seit 1935 stand er unter verschärfter polizeilicher Beobachtung. Im März 1937 hatte sein Inhaber Bernhard Lucas für das Bistum Münster die Enzyklika „Über die Lage der katholischen Kirche im Deutschen Reich" gedruckt, die großes Aufsehen erregte. In ihr setzte sich Papst Pius XI. kritisch mit dem wechselseitigen Verhältnis sowie mit der „Ideologie" des Nationalsozialismus auseinander. Dazu hatten ihn einige Bischöfe gedrängt, darunter Graf Galen. Gleich die einleitenden Worte „Mit brennender Sorge und steigendem Befremden ..." verliehen der Verlautbarung sogleich einen dramatischen Klang. Am 22. März 1937 stand die Gestapo vor der

In Münster, das erst Ende 1932 zur Gauhauptstadt aufstieg, gab es keine dem Nationalsozialismus gewogene Presse. 1935 nötigte daher die NSDAP die Verlegerfamilie Hüffer zu einer Beteiligung am „Münsterschen Anzeiger" und riss zwei Jahre später den Zeitungsverlag ganz an sich. Die Aufnahme zeigt die Geschäftsstelle des „Anzeigers" am Michaelisplatz, um 1925.

Tür des Betriebs am Horsteberg, konfiszierte die Restexemplare und vernichtete die Druckplatten. Fünf Tage später wurden Verlag und Druckerei beschlagnahmt und versiegelt. Dass damit natürlich in erster Linie Bischof Graf Galen getroffen werden sollte, war nur zu offensichtlich. Am 23. April bestellte die Parteileitung den SA-Sturmführer und Druckereiangestellten Otto Kieser aus Herford nach Münster und setzte ihn als

Treuhänder ein; wenig später übernahm er den Betrieb für einen Spottpreis.

Einschüchterung und nachfolgende Ausschaltung der christlichen Publizistik stellten jedoch nur einen Teil der Gesamtstrategie gegen das katholische Milieu der Stadt dar. 1934 hatte die NSDAP mit der verstärkten Propagierung nationalsozialistischer Weltanschauung durch Anhänger des „Parteiideologen" Alfred Rosenberg eine weitere Front eröffnet. Der Name des im Januar jenes Jahres zum Beauftragten für die gesamte weltanschauliche Schulung aufgerückten Fanatikers war in Münster schon seit Längerem ein Reizwort. Abstruse Gedanken zur Rassentheorie, antisemitische Ausfälle und menschenverachtende Grundsätze, dazu antichristliche Attacken, wie er sie in seinem 1930 veröffentlichten Machwerk „Der Mythus des 20. Jahrhunderts" niedergelegt hatte, waren vor allem bei Galen auf heftigen öffentlichen Widerspruch gestoßen. Die Antwort gab die NSDAP auf dem münsterschen Gauparteitag vom 5. bis zum 7. Juli 1935. Die Redner, darunter Rosenberg, polemisierten heftig gegen den Bischof. Sie verschätzten sich gründlich. Einen Tag danach fand die Große Prozession statt. Rund 20.000 Gläubige – weitaus mehr als noch im Jahr zuvor – brachten ihm wahre Ovationen dar. Viele Katholiken hatten als Folge des Konflikts mit Rosenberg erst jetzt richtig wahrgenommen, dass es trotz des Konkordats und wohlfeiler Beteuerungen Hitlers keine Verknüpfungspunkte zwischen dem Nationalsozialismus und der Kirche gab. Münster blieb seiner tradierten, in breiten Volksschichten verankerten Linie treu.

Der Streit ging weiter: Beliebtes Mittel öffentlicher Zurschaustellung mit Größen des NS-Regimes war die Verleihung der Ehrenbürgerwürde. Nachdem Rudolf Heß, Hitlers NSDAP-Stellvertreter, diese ausgeschlagen hatte, verfiel der mit „alten Kämpfern" besetzte Rat auf die Idee, die „Würde" Alfred Rosenberg anzutragen. Am 16. Januar 1939 nahm er sie entgegen. Der Ratsherr und Malermeister Richard Wagener holte bei dem Festakt noch einmal zum verbalen Rundumschlag gegen die Kirche und ihre Rolle in der Geschichte Münsters aus.

Die Auseinandersetzung mit Rosenberg war nur der Auftakt zu einem viel größeren Konflikt, in dessen Verlauf Galens Name mit einem Male weltweit bekannt wurde. Der zweifellos durch und durch national gesinnte Bischof hatte es zwei Jahre nach Kriegsausbruch gewagt, Maßnahmen des Staats in aller Öffentlichkeit zu kritisieren. Sein Schritt missbilligte ebenfalls aus innerkirchlicher Sicht das Verhalten seiner Mitbrüder, die meinten, Unrecht mittels Eingaben bekämpfen zu können.

Die erste der drei Predigten, die großes Aufsehen erregten, hielt der Bischof am 13. Juli 1941 in der Lambertikirche. Darin nahm er scharf gegen die Vertreibung von Ordensangehörigen aus ihren Klöstern im Süden und Westen Deutschlands sowie in Westfalen Stellung und wandte sich gegen Übergriffe der Geheimen Staatspolizei. Ähnlichen Inhalts war seine zweite Predigt am 20. Juli in der Überwasserkirche, wobei er neben der Vertreibung verschiedener Ordensangehöriger ausdrücklich die Aushebung der Klöster der Hiltruper Missionare erwähnte, von denen 161 als Soldaten im Felde stünden. In der dritten, seiner wichtigsten Predigt am 3. August, wieder in St. Lamberti, klagte er mit bewegenden Worten die Tötung nicht arbeitsfähiger, invalider, körperbehinderter, altersschwacher und unheilbarer Kranker an. Anwesende berichteten später, dass er mehrfach von Beifall unterbrochen worden sei. Zugleich hatte Galen Strafanzeige wegen Mordes gestellt. Das Unrecht öffentlich beim Namen zu nennen und das Menschenverachtende des Regimes vor aller Welt bloßzustellen, empfanden viele deshalb als sensationell, weil damit dem allgemeinen Gefühl der Rechtlosigkeit eine Stimme verliehen wurde.

Abschriften der Predigten, die in Münster in hoher Auflage die Kunsthandlung Nettels vervielfältigte, wurden rasch unter der Hand weitergereicht, kursierten an den Fronten, gelangten ins Ausland und waren ein Thema in den Zeitungen und Radiosendern der Alliierten. Galen trat zu einer Zeit an die Öffentlichkeit, als sich das „Dritte Reich“ auf seinem Zenit befand. Kein anderes Verhalten gegen das Regime, lediglich übertroffen vom Attentat auf Hitler am 20. Juli 1944, hat während des

Kriegs so viel Aufsehen erregt. Folglich rechnete er jederzeit mit seiner Verhaftung; es geschah aber nichts. Hitler und Goebbels waren außer sich. Die Machthaber wollten keinen Kirchenkampf heraufbeschwören, obwohl die Todesstrafe angemessen sei, wie der mächtige Leiter der Parteikanzlei und Reichsminister Martin Bormann meinte. Tatsächlich unterbrachen die Behörden vorübergehend die Ermordung geistig behinderter Menschen. Papst Pius XII. zeichnete Galen 1943 durch die Ernennung zum Päpstlichen Thronassistenten aus, der Volksmund durch den ehrenvollen Beinamen „Löwe von Münster".

Die Auseinandersetzung mit der katholischen Kirche hatte die seit Beginn der „Machtergreifung" einsetzenden Maßnahmen gegen die rund 480 in Münster lebenden Mitbürger jüdischen Bekenntnisses überlagert. Ende März 1933 – obwohl erst der 1. April dafür vorgesehen war – kam es bereits im Zeichen reichsweiter Boykottmaßnahmen gegen ihre Geschäfte auch in der Stadt zu solchen Aktionen. Vor mehr als 20 Läden standen SA-Posten und hinderten das Publikum, sie zu betreten. Die lokale NSDAP musste zu ihrem Unmut feststellen, dass sich parteiamtlicher Antisemitismus nicht verordnen ließ und die Bevölkerung ihn zwangsläufig annahm. Die Behördenmitarbeitern auferlegte Weisung, jüdische Geschäfte zu meiden, wurde in der ersten Zeit der NS-Herrschaft nicht grundsätzlich befolgt. Überhaupt hatte sich im Laufe der Jahre in einigen Teilen der Bürgerschaft durchaus eine erkennbar nonkonforme Haltung herausgebildet.

Geschäftsboykott, gesellschaftliche Ausgrenzung, Berufsverbot sowie Schul- und Universitätsverweise, dazu Verunglimpfungen, Benachteiligungen und öffentliche Demütigungen bestimmten den Alltag der Juden. Seit Frühjahr 1933 waren Diffamierungen und Einschränkungen im akademischen Berufsleben üblich. Dies bekamen vor allem Professoren und Rechtsanwälte zu spüren. Notare verloren ihre Zulassung sofort. Den Pharmakologen Professor Hermann Freund enthob ein SA-Sturmführer sogar eigenmächtig vorübergehend seines Amts. Freund wurde 1944 in Auschwitz ermordet. 1935 erhielten die

Professoren ihre Entlassung. Davor waren selbst hochdekorierte Weltkriegsteilnehmer nicht geschützt. Ferner hinderte man Referendare an der Fortsetzung ihrer Ausbildung und nötigte Studenten zur Aufgabe ihres Studiums. Bis 1938 hat es aber keine größere Emigration aus der jüdischen Gemeinde gegeben.

Es herrschte ein Klima der Angst. Firmenbesitzer verkauften ihre Betriebe unter Zwang, oftmals unter Wert. Nicht wenige Münsteraner haben sich dabei bereichert. Es fanden sich indessen auch solche, die den Erwerb als Kommission betrachteten und sich darüber mit den früheren Eigentümern verständigt hatten. 1939 gab es in der Stadt keine jüdischen Geschäftsinhaber mehr. Die Ausgrenzung durch ihre gleichgültigen Mitbürger wog schwer. Einst stadtbekannte Persönlichkeiten wurden in der Öffentlichkeit schlicht übersehen, oder man wechselte vor ihnen auf die andere Straßenseite. Hierbei offenbarte sich ein zwiespältiges Verhalten. Münsteraner, die bedingungslos hinter ihrem Bischof und seinem Kampf gegen die NS-Bewegung standen, ließen es offenkundig an jeder Form von Mitmenschlichkeit fehlen. Widersprüchlich war Galens Verhalten selbst, der zu der Steigerung der Schikanen öffentlich schwieg. Nach dem Novemberpogrom 1938 soll er zwar zum öffentlichen Protest bereit gewesen sein, um den ihn münstersche Juden ersucht hatten, doch riet ihm der Rabbiner Fritz Leopold Steinthal ab, der schlimmste Repressalien befürchtete. Diese Ansicht war weit verbreitet. Auch der Münchner Erzbischof Michael v. Faulhaber teilte sie. Im Oktober 1944 äußerte sich Galen gegenüber zwei Domkapitularen, dass er schwer daran trage, nach dem Brand der Synagoge nicht sofort und öffentlich protestiert zu haben. Der Bischof, den mit Steinthal ein persönliches Verhältnis verband, hatte sich am 10. November aber sofort nach dessen Schicksal erkundigt. Er konnte kurz danach auf Fürsprache des Bischofs nach Argentinien ausreisen. Die Auflehnung spielte sich im Verborgenen ab. So unterließ ein Polizeibeamter den seit Oktober 1938 bzw. seit Anfang 1939 verpflichtenden Passeintrag „J“ – für Jude – sowie die verordneten Zusatznamen „Israel“ sowie „Sara“. Ein Richter, dem die oftmals willkürliche

Pogromnacht am 9. November 1938: Die Synagoge in der Klosterstraße wurde verwüstet und angezündet. SA-Männer posierten vor der Ruine. Danach verließen bis Kriegsausbruch 1939 rund 170 Juden die Stadt.

KZ-Inhaftierung nach geringfügiger Strafzumessung zuwider war, ging häufig über das staatsanwaltlich geforderte Strafmaß hinaus, um die Verurteilten nicht in die Hände der Gestapo mit nachfolgender KZ-Haft geraten zu lassen.

Höhe- und Wendepunkt der Judenverfolgung war in Münster wie in Deutschland das Pogrom vom 9. November 1938. Dabei zerstörten SA-Männer zunächst Teile der Inneneinrichtung der Synagoge in der Klosterstraße und zündeten sie dann an. Die angerückte Feuerwehr, die den Brand schon fast unter Kontrolle hatte, hinderte man an den weiteren Löscharbeiten und suchte nur das Übergreifen der Flammen zu verhindern. Außerdem wurden etwa 20 Wohnungen und die letzten zehn Geschäfte verwüstet sowie 52 Männer in das Polizei- und Gerichtsgefängnis eingeliefert. Im Gegensatz zu anderen Städten blieb ihnen die Überstellung in ein Konzentrationslager erspart. Die Identität der am Brand der Synagoge beteiligten SA-Männer ließ sich bei einem 1948 in Gang gesetzten Verfahren nicht mehr vollständig ermitteln. Einen bekannten Täter schickte das Gericht wegen Verbrechens gegen die Menschlichkeit für 18 Monate ins Gefängnis; andere waren inzwischen gestorben.

Zwischen Pogrom und Ausbruch des Weltkriegs verließen rund 170 Juden, zumeist Familien mit Kindern, Münster und suchten in Nachbarländern Zuflucht, darunter in den Niederlanden. Nach dem deutschen Überfall 1940 wurden sie dort jedoch sogleich wieder inhaftiert und in die Vernichtungslager deportiert. Seit September 1939 fiel auch England als Transitland aus. Die Verbliebenen sahen sich nun weiteren Schikanen ausgesetzt. Die Behörden reduzierten ihre Alltagsrechte und schränkten ihre persönlichen Besitzverhältnisse weiter ein. Dies hing wesentlich mit der verhängten Kollektivgeldstrafe von einer Milliarde Reichsmark zusammen, um die am 9. November verursachten „Schäden" zu begleichen. Dafür Versicherungspolicen geltend zu machen, war ihnen zwangsweise untersagt worden.

Bei der Eintreibung ausstehender Geldstrafen gingen die münsterschen Finanzbehörden außerordentlich rigoros vor; Judenverfolgung hatte auch immer etwas mit Bereicherung zu tun. Die meisten waren gezwungen, ihre Häuser zu verkaufen, zumeist an ihnen noch nahestehende Münsteraner. Schließlich wurde das Wohnrecht größtenteils aufgehoben. Seit Frühjahr 1939 wies man ihnen sogenannte „Judenhäuser" zu – es gab 14 in der Stadt –, wo sie unter äußerst beengten Verhältnissen lebten. Dies betraf etwa 240 Mitglieder der Gemeinde. Dabei handelte es sich um Gebäude, die sich noch in jüdischem Besitz befanden, deren Eigentümer Münster aber nach dem 9. November 1938 verlassen hatten. Eine Ausreise oder das Überschreiten der Grenze zu den Niederlanden war den Verbliebenen jetzt nicht mehr möglich.

Am 13. Dezember 1941 erfolgte der erste Transport westfälischer Juden, in der Öffentlichkeit seit einigen Monaten überdies mit einem Judenstern gekennzeichnet, in den Osten, nach Riga. Darunter befanden sich 105 Münsteraner sowie 13 Wolbecker Bürger. Organisatorisch half die Stadt und bemühte sich sogleich, in den verbliebenen Besitz der Juden zu gelangen. Dieser konnte von Ausgebombten nach gutachterlicher Preisfestsetzung erworben werden. Im Januar, März und Juli 1942 folgten weitere Transporte nach Riga, Warschau und Theresienstadt. In die beiden erstgenannten Städte wurden 23 Personen deportiert, in letztere 73; von ihnen überlebten zehn. Die anderen wurden ermordet. Nur wenige konnten sich retten, darunter Henny Hertz, die im Rheinland untertauchte, und Marga Spiegel samt Ehemann und Tochter. Mit ihrer 1969 erschienenen Schilderung des Überlebens bei einer Bauernfamilie in Herbern im ehemaligen Kreis Lüdinghausen sorgte sie für großes Aufsehen.

Lange bevor sich Hitler mit seinen Kriegsplänen beschäftigte, hatte ihn ein anderes Thema gefesselt. Auch die Gauhauptstadt Münster sollte nach seinem Willen ein neues Gesicht erhalten. Geplant war ein riesiges Parteiforum auf der Sentruper Höhe mit klotzigen, uniformen Behördenbauten, Wohn- und Geschäftshäusern sowie mit einer „Halle des Volkes". Das Konzept verstand sich als bewusster Gegenentwurf zur historischen Altstadt. Außerdem sollten künftig alle Fernstraßen weiträumig umgeleitet werden. Ende März 1939 erhielt Münster den Rang einer „Neugestaltungsstadt". Der Kriegsausbruch machte alle Pläne zunichte. Das Gauhaus am Aasee, Bismarckallee 5, hatte die Partei schon 1937 bezogen. Nach 1945 fanden dort das Studentenwerk und die Mensa eine Bleibe.

Andere Vorhaben gingen die Behörden zügig an. Weil die Bevölkerung von 1933 bis 1940 aufgrund der wachsenden Verwaltung und der zunehmenden Bedeutung der Wehrmacht von 123.000 auf 143.000 Einwohner angestiegen war, wurde der Wohnungsbau kräftig angekurbelt. Zwischen 1933 und 1940 entstanden, zum Teil mit Unterstützung gemeinnütziger Vereine, rund 5.800 Wohnungen und viele Eigenheime, etwa in der sogenannten „Horst-Wessel-Siedlung" am Kappenberger Damm oder auf der Vennheide am Weg nach Hiltrup. Die umfangreicheren Planungen betrafen hingegen Einrichtungen der Wehrmacht. Nicht erst die 1938 einsetzende massive militärische Aufrüstung, sondern die schon 1934 beginnende und bis 1942 andauernde Vergrößerung des Militärapparats hatte den Bauunternehmen „Peter Büscher & Sohn", „Hermann

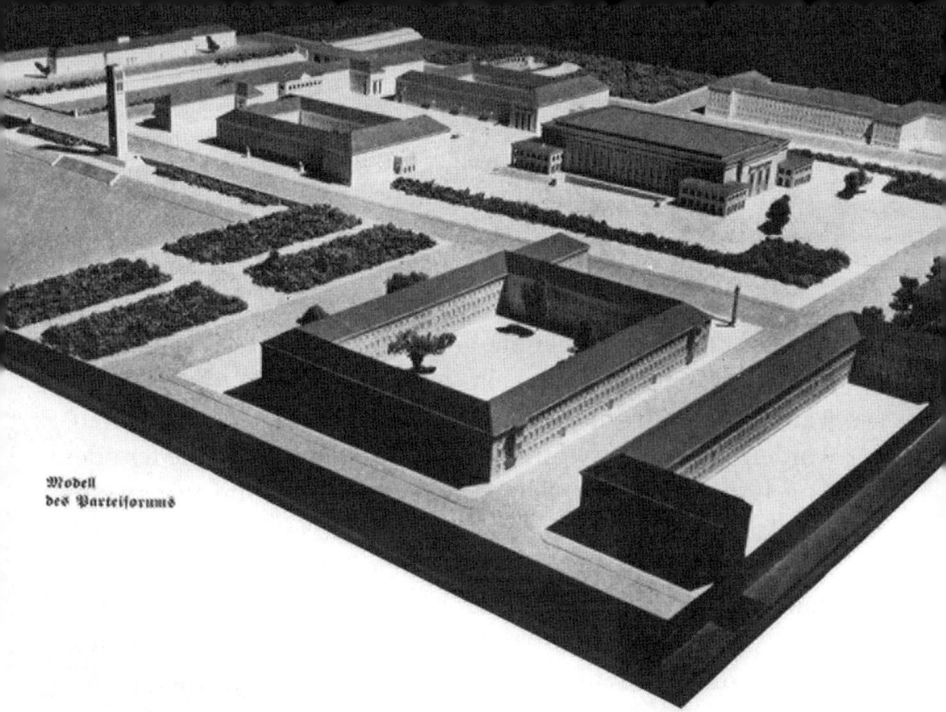

Großes hatte die NSDAP mit Münster vor. Geplant war ein riesiges Parteiforum, das sich im Bereich des Aasees bis hin zu den Kliniken am Westring und weiter auf der Sentruper Höhe erstrecken sollte. Der Ausbruch des Kriegs 1939 verhinderte alle Pläne.

Borchard", „Oevermann" und „Joh. Weinrich" eine nie gekannte Konjunktur verschafft. Aus „Oevermann", das vor dem Ersten Weltkrieg zwischen 75 und 100 Mitarbeiter beschäftigt und in der Weltwirtschaftskrise nur noch 20 Arbeiter auf der Lohnliste geführt hatte, war 1938 ein Betrieb mit 600 Mitarbeitern geworden.

Der Bau von Kasernen ließ die Firmen kaum zur Ruhe kommen. Sie entstanden in Coerde, Gievenbeck, Gremmendorf und Handorf, an der heutigen Einsteinstraße, an der Grevener Straße, an der Manfred-von-Richthofen-Straße und an der Weseler Straße; letztere nutzte nach 1945 die Polizei. Hinzu kamen das riesige Heeresverpflegungshauptamt in Coerde, das Luftkreis- bzw. Luftgaukommando am Hohenzollernring und das Standortlazarett in der Von-Esmarch-Straße – nach 1945 Sitz der Universitätshautklinik – sowie Wohnungen für Soldaten und Zivilangestellte.

Auch andere Industriezweige profitierten von der „Staatskonjunktur“. Die Hiltruper Lackfabrik „Glasurit“ produzierte Tarnfarben für die Wehrmacht, das „Sauerstoffwerk Westfalen AG“ versorgte die Rüstungsindustrie mit technischen Gasen, und die Schlossfabrik „Winkhaus“ stellte Munition her, da die eigentliche Produktion angesichts der weit verbreiteten Materialknappheit eingestellt werden musste. Alle Betriebe waren 1933 auf die neue Wirtschaftspolitik „eingeschworen“ worden. Die Partei, vertreten durch willfährige Mitglieder oder Angehörige der Deutschen Arbeitsfront, des Einheitsverbands der Arbeitnehmer und Arbeitgeber, regierte in den Betrieben mit. Die lokalen Unternehmer hatten sich seit 1933 durchweg staatsloyal verhalten, sich jedoch kaum außergewöhnlich für die NSDAP oder sonstige Organisationen engagiert. Einige Firmeninhaber traten nach 1933 der Partei bei oder hatten sich vermeintlich unverdächtigen NS-Organisationen wie dem Reiterkorps oder dem Kraftfahrkorps angeschlossen. Andere standen ostentativ hinter der NS-Politik und unterstützten die Partei finanziell, waren der Massenorganisation aber nicht beigetreten. Geholfen hat ihnen das nach 1945 nur in den seltensten Fällen. Weitaus aktiver traten die leitenden Angestellten in Erscheinung, die sich durch forsches Engagement für die NSDAP Vorteile verschaffen wollten. Insgesamt herrschte bestes Einvernehmen, weil die Industrie von der Wirtschaftspolitik der NSDAP außerordentlich profitierte und außerdem Lohnstopp und Zerschlagung der Gewerkschaften die Unternehmer langfristig begünstigten.

Der Kriegsausbruch am 1. September 1939 veränderte mit einem Male alles. Zeitzeugen berichten übereinstimmend, dass eine niedergeschlagene Stimmung geherrscht habe. Selbst Siegesmeldungen nach dem Polenfeldzug hätten daran nichts geändert. Die Bevölkerung hatte noch lebhaft das Leid des letzten Kriegs vor Augen. Die Situation besserte sich gleichwohl schlagartig nach der nie und nimmer für möglich gehaltenen raschen Niederwerfung Frankreichs im Frühsommer 1940. Auf dem Prinzipalmarkt jubelten die Münsteraner den heimkeh-

War die Bevölkerung bei Kriegsausbruch alles andere als enthusiastisch, so änderte sich das nach der Niederlage Frankreichs 1940. Begeistert jubelte sie den zurückkehrenden Truppen auf dem Prinzipalmarkt zu. Viele glaubten, der Krieg sei jetzt zu Ende.

renden Truppen zu. Viele meinten, der Krieg sei nun beendet. Dabei hatte dieser schon Einzug in Münster gehalten. Am 16. Mai 1940, kurz nach Mitternacht, flog die britische Luftwaffe den ersten Angriff; er richtete in der Hafengegend Schäden an. Die Einwohner, die der weit verbreiteten Ansicht unterlagen, die eigene Luftwaffe sei stark genug, um feindlichen Einflug zu unterbinden, empfanden dies mehr als Sensation denn als Vorboten kommenden Schreckens. Tausende brachen zum Hansaring auf, um sich den Schaden anzusehen.

Die ersten Todesopfer waren schon am 20. Juni 1940 zu beklagen. Durch den Abwurf von 22 Spreng- und 88 Brandbomben starben sechs Menschen, 30 wurden verletzt und 122 verloren ihre Wohnung. Binnen weniger Monate sollte sich die Situation dramatisch ändern. Von Mai bis Dezember 1940 war Münster das Ziel von 23 Luftschlägen, die überwiegend Gebäudeschäden verursachten. Niemand konnte sich zu Kriegsbeginn vorstellen, dass bald ganze Städte in Schutt und Asche sinken würden. Schlimmer noch, zu Kriegsbeginn fanden nur 3.530 Einwohner in regulären und weitere 1.000 in behelfsmäßigen Schutzräumen leidlich Sicherheit, im Vergleich zu anderen Orten sehr wenige. Im 86.000 Einwohner zählenden Recklinghausen standen allein für fast 29.000 Menschen reguläre und für 16.000 behelfsmäßige Schutzräume zur Verfügung. Aber selbst in ihnen war man seines Lebens nicht sicher. Am 18. November 1944 durchschlug eine Luftmine die 1,4 Meter starke Decke des Schützenhofbunkers an der Hammer Straße. 68 Menschen starben.

Obwohl Münster aufgrund seiner strategisch wichtigen Lage zwischen dem Ruhrgebiet und der Nordsee bereits 1937 als akut „luftgefährdet“ galt, trafen die Behörden keine weiteren Maßnahmen. Erst nach Kriegsausbruch entstanden in aller Eile öffentliche und private Luftschutzräume, so dass es im Herbst 1940 Platz für rund 20.000 Menschen gab. Zunehmend heftigere Luftschläge hatten weiterhin zur Folge, dass die Stadt in ein Sofortprogramm für den Bau von Schutzanlagen einbezogen wurde. Mit Unterstützung Hunderter Kriegsgefangener entstanden in rascher Folge zehn Hochbunker für etwa 13.000 Menschen, immer noch zu wenig Plätze. Den nach den Angriffen ausbrechenden Bränden standen Feuerwehr und Hilfskräfte zudem vielfach machtlos gegenüber, nicht nur hinsichtlich ihrer personellen Stärke, sondern auch wegen ihrer unzureichenden technischen Ausstattung. Häufig kam jede Hilfe zu spät. Außerdem konnten die Krankenhäuser, je länger der Krieg währte, immer weniger Patienten aufnehmen. Von den einst 4.000 Krankenhausbetten waren 1945 infolge der Zerstörung nur noch 677 übrig geblieben.

Erste massive Schäden richteten die Bombenabwürfe vom 6. bis zum 10. Juli 1941 an. Zahlreiche Gebäude, darunter das Theater, das Landesmuseum sowie verschiedene Adelshöfe, wurden entweder ganz oder teilweise zerstört, insgesamt fast 400 Häuser. Rund 500 galten als mittelschwer und 2.300 als leicht beschädigt. 43 Menschen kamen ums Leben, zehn blieben vermisst. Britische Piloten berichteten übereinstimmend,

Zwischen 1941 und 1944 entstanden zehn Hochbunker. Die Aufnahme zeigt Schutzsuchende, die nach einem Angriff den Bunker am Kappenberger Damm verlassen. Die meisten Münsteraner harrten aber in den unsicheren Kellern aus.

dass es auf deutscher Seite zunächst kaum Gegenmaßnahmen gegeben habe. Das nächste Bombardement mit großen Gebäudeverlusten in der Innenstadt fand in der Nacht zum 23. Januar 1942 statt. Danach blieb es, mit Ausnahme des 16. Septembers, bis zum 12. Juni 1943 ruhig. Erst am frühen Morgen dieses Tages griffen wieder 72 Maschinen Münster an. Erneut waren weite Teile der Innenstadt betroffen; 53 Menschen starben. Den Alliierten war darüber hinaus nicht verborgen geblieben, dass es in Münster kriegswichtige Unternehmen gab. Den nahe dem Alfred-Krupp-Weg gelegenen und wiederholt attackierten Flugzeugreparaturbetrieb „Ludwig Hansen“ lagerten die Behörden 1944 deshalb in Bergstollen im Rheinland und in Westfalen aus.

Der bis dahin heftigste Luftschlag ereignete sich am 10. Oktober 1943. Im Vertrauen auf die Luft- und Bodenabwehr hatte sich kaum jemand ausmalen wollen, dass alliierte Flugzeuge tagsüber einfliegen könnten. Beim zweiten Tagesangriff auf eine Großstadt – der erste fand ein halbes Jahr zuvor auf Hamm statt – kamen etwa 550 Menschen ums Leben. Aus ungefähr 8.000 Metern Höhe fielen 41 Sprengbomben zu je 450 kg, 804 zu 225 kg sowie 4.050 Phosphorbrandbomben zu 4,5 kg. Viele Gebäude, besonders im Aegidiiviertel, wurden schwer beschädigt, ferner der Dom, der schon zuvor wiederholt getroffen worden war, das bischöfliche Palais, die Ludgerikirche sowie Teile der Universität und das Clemenshospital. Besonders tragisch war der Tod von 52 Clemensschwestern, die sich dort zu einer Konferenz getroffen hatten. Aber auch die Alliierten erlitten erhebliche Verluste. Bei Luftkämpfen verloren sie 30 Bomber. Angesichts der immer bedrohlicher werdenden Lage hatten die Behörden 1943 die Verschickung ganzer Schulklassen in jene Gebiete angeordnet, die bisher nicht angegriffen worden waren, darunter Oberbayern. Die meisten Jugendlichen lebten sich dort rasch ein und fühlten sich gut aufgehoben. Beträchtliche Angst lösten jedoch stets Radiomeldungen über schwere Bombardements auf Münster aus. Manches Kind blieb von Hiobsbotschaften nicht verschont.

Am 5. und 11. November 1943 war die Stadt abermals Ziel alliierter Flugzeuge. Am 5. November warfen 106 US-Maschinen die unvorstellbare Zahl von 90.000 Brandbomben ab, die in der ohnehin schon schwer gezeichneten Innenstadt weitere Verheerungen verursachten. Bis zum 11. März 1944 herrschte Ruhe, abgesehen von Angriffen am 22. Dezember 1943 und am 4. Januar 1944. Die folgenden vier Luftschläge bis zum 7. Mai richteten wiederum massive Schäden an, dieses Mal auch an Versorgungseinrichtungen. Der letzte Angriff hatte den vollständigen Ausfall der Wasserversorgung zur Folge. Sprachen Behörden und Parteivertreter bis dahin noch davon, dass die Moral der Bevölkerung nicht gelitten habe, so schlug die Stimmung nach den Angriffen im Spätsommer und Herbst 1944 um. Von Lähmungserscheinungen war die Rede, und selbst durch Hinweise auf den baldigen Einsatz von Wunderwaffen war keiner mehr zu ermutigen. Zur schlechten Stimmung hatten mittlerweile Versorgungsprobleme beigetragen.

Am 12. September 1944 warfen 121 Flugzeuge 164 Tonnen Spreng- und 191 Tonnen Brandbomben ab; 144 Menschen starben, 500 wurden verletzt. Rund 10.000 Münsteraner mussten danach die Stadt verlassen. Weitere 1.300 Häuser fielen der Zerstörung zum Opfer. Die gesamte Strom-, Gas- und Wasserversorgung war danach unterbrochen. Inzwischen hatten die Alliierten längst die Lufthoheit erobert. Am Spätnachmittag des 28. Oktobers 1944 ereilte auch das Rathaus das Schicksal vieler anderer historischer Gebäude. Es geriet in Brand, der Giebel neigte sich nach vorne und stürzte auf den Prinzipalmarkt. Die 600-jährige Pracht war dahin. Zwischen September 1944 und Kriegsende fanden 50 weitere Angriffe statt. In dieser Zeitspanne fielen mehr als 50 Prozent aller Bomben. Größere Schäden richteten sie aber nicht mehr an. Zum einen hatte die überwiegende Mehrzahl der Münsteraner die Stadt längst verlassen, zum anderen galten 90 Prozent der Innenstadt ohnehin als weitgehend zerstört. Selbst der letzte massive Luftschlag am 25. März 1945 hinterließ außer einigen Großbränden kaum noch außergewöhnliche Vernichtung. Allerdings brannte dabei das bisher kaum beschädigte Schloss aus.

Zahlreiche Firmen, darunter kriegswichtige, beschäftigten nach 1942 Zwangsarbeiter, Männer wie Frauen. Allein „Ludwig Hansen" soll unter seinen 2.000 Mitarbeitern etwa 1.200 eingesetzt haben, die zum Teil auf dem Betriebsgelände sowie auf dem Flugplatz Loddenheide untergebracht wurden. Im Sommer 1944 zählte man etwa 4.000 Personen, die allerorten, so in Gaststätten, Schulen, Kasernen oder in Baracken, einquartiert worden waren. Ihre menschenunwürdigen Lebensumstände spotteten jeder Beschreibung. Scharfe Arbeitsnormen, miserables Essen und keinerlei medizinische Versorgung ließen die Todesrate rapide ansteigen. Die zumeist aus der Sowjetunion stammenden Zwangsarbeiter wurden in der Industrie und auch in öffentlichen Einrichtungen, etwa in der Stadtverwaltung, eingesetzt. Daneben zog man etwa 20.000 Kriegsgefangene, die in zwölf Lagern untergebracht waren, zu Arbeitsleistungen heran, so zu Räumarbeiten nach Luftangriffen.

Von 1939 bis 1945 heulten die Sirenen 1.259-mal Alarm: 102 Angriffe richteten sich gegen Münster. Die rund 32.000

Der Kiepenkerl inmitten heilloser Zerstörung. Das Foto diente danach der NS-Propaganda als Vorlage für ein Plakat, auf dem die markante Durchhalteparole zu lesen war: „Trotzdem und dennoch: Wi staoht fast".

Sprengbomben, 642.000 Stabbrandbomben und etwa 8.100 Kautschuk-Benzol-Brandbomben hatten furchtbare Schäden angerichtet und den gesamten Bereich innerhalb der Promenade sowie weite Teile der übrigen Stadt zerstört. Nur Aachen und Köln traf es im späteren Nordrhein-Westfalen härter. Welche Schicksale sich hinter solchen Zahlen verbergen, lässt sich kaum erahnen. 1.314 Menschen kamen in Münster ums Leben, einschließlich der Wehrmachtsangehörigen 1.594.

Am Ostermontag, dem 2. April 1945, endete der Krieg für Münster – fünf Wochen vor der Kapitulation der Wehrmacht. Etwa 90 Prozent der Bausubstanz innerhalb des Promenadenrings und 63 Prozent insgesamt waren verwüstet. „Die Stadt, in der vormals 143.000 Einwohner lebten, … sei kaum mehr als ein Trümmerhaufen", schrieb die britische Zeitung „The Illustrated London News" am 14. April. „Ihre Zerstörung gewinnt insofern an Bedeutung, als Hitler angekündigt hatte, dass er dort eine Friedenskonferenz abhalten wollte, in der Absicht, dadurch die Erinnerung an den unglücklichen Dreißigjährigen Krieg, der hier ein Ende fand, auslöschen zu können", hieß es weiter. Dem Wunsch westfälischer Politiker, den Frieden mit Frankreich an historischer Stelle zu unterzeichnen, kam Hitler 1940 nicht nach, nahm aber immer-

Am Ostermontag, dem 2. April 1945, ging für die Stadt der Zweite Weltkrieg zu Ende. Das Bild zeigt den britischen Oberkommandierenden, Feldmarschall Bernard Montgomery, beim Vormarsch im Münsterland Ende März 1945.

hin eine gleichlautende Bitte aus Osnabrück mit Interesse zur Kenntnis. Den Abschluss eines Friedensvertrags hielt der mit den Vorbereitungen für den Überfall auf die Sowjetunion beschäftigte „Führer“ für verfrüht.

Unglaublicher Wiederbeginn: **Ein neues Münster entsteht**

Münster, eine der vom Luftkrieg besonders getroffenen Städte, stand vor einer schier unlösbaren Aufgabe. Die Trümmer umfassten eine geschätzte Masse von 2,5 Millionen Kubikmeter. Die sich langsam formierende Stadtverwaltung war realistisch genug, die Räumarbeiten langfristig zu planen. Angesichts der jedes Vorstellungsvermögen übersteigenden Zerstörung hat es nicht an Stimmen gefehlt, die ein neues Münster außerhalb, auf der Sentruper Höhe, vorschlugen. Da jedoch das unterirdische Leitungsnetz trotz gravierender Schäden noch zu reparieren war, wurde dieser Gedanke rasch verworfen. Zugleich war zu hören, der zerstörte Dom solle als Mahnmal belassen werden. Aber selbst in diesem Fall überzeugte die vorhandene Bausubstanz das Domkapitel, die Kathedralkirche nach altem Vorbild wieder errichten zu wollen.

Tausende Münsteraner kehrten in den kommenden zwölf Monaten in ihre Stadt zurück – die einen mit behördlicher Erlaubnis, die anderen illegal. Die Briten hatten Tausende Kriegsgefangene vielfach schon im Sommer 1945 entlassen. Ein großes Sammellager befand sich auf dem Gelände einer Ziegelei in Nienberge. Die Landwirtschaft und die Zechen im Ruhrgebiet, in Münster vor allem das Tiefbauamt, benötigten dringend Arbeitskräfte. Trotzdem hatte die britische Militärregierung über einige Städte ein Zuzugsverbot verhängt. In Münster sollte die Zahl von 35.000 Einwohnern nicht überschritten werden. Aber die zurückflutenden Menschen ließen sich nicht aufhalten. Nicht nur ehemalige Kriegsgefangene, auch die vielen Ausgebombten sowie vermehrt Flüchtlinge und Vertriebene strömten in die Stadt. Ende August 1945 zählte man rund 60.000 Bewohner und ausgangs des Jahres etwa 80.000. Beim Einmarsch der Alliierten im April 1945 waren es 25.000 Bewohner.

Die vom Luftkrieg schwer getroffene Stadt stand vor einer schier unlösbaren Aufgabe. Die Trümmerwüste umfasste geschätzte 2,5 Millionen Kubikmeter Schutt. Die Aufnahme zeigt den Zustand an der Ecke Grüne Gasse/Aegidiistraße.

Über 35.000 Münsteraner warteten nach Kriegsende noch auf ihre Rückkehr. Sie waren nach den schweren Angriffen und dem Verlust der Wohnung im Weserbergland sowie im Kreis Holzminden untergebracht worden. Freie Unterkünfte gab es in ihrer Heimatstadt in naher Zukunft kaum. Von den einst 33.737 Wohnungen 1939 waren bei Kriegsende noch 12.590 mit unterschiedlich großer Einschränkung nutzbar, hingegen waren nur 1.050 gänzlich unversehrt. 9.828 wiesen einen Beschädigungsgrad von einem bis 25 Prozent und 6.285 einen solchen von 25 bis 60 Prozent auf. 16.574, fast 50 Prozent, galten hingegen als schwer beschädigt oder zerstört, jedenfalls als nicht weiter bewohnbar. Insgesamt waren von 9.355 Wohngebäuden 4.297 zerstört und 1.433 schwer beschädigt worden. Fehlende Unterkünfte beschäftigten die Stadt bereits vor 1939 über alle Maßen, und dieses Thema sollte die Nachkriegszeit noch lange prägen. Im Reichsgebiet lebten 1939 durchschnittlich 3,26 Personen in einer Wohnung, in Münster sogar 4,58, die mit Abstand höchste Belegungsquote unter den größeren deutschen Städten.

Schutträumen hieß die Devise. Im Sommer 1945 begann zunächst das Freilegen der wichtigsten Straßen. Die organisierte Großräumung setzte erst im Mai 1946 ein. Daran beteiligten sich auch viele Frauen.

Viele hielten sich 1945/46 in Ruinen, Kellerräumen, Gartenlauben oder Baracken auf. Um die Lage in den Griff zu bekommen, hatten die Briten strenge Regeln bei der Vergabe von Baustoffen erlassen. Zunächst sollten nur die gering beschädigten Wohnhäuser – Schadenshöhe von 30 Prozent – repariert werden. 1946 konnten etwa 2.500 Einheiten fertiggestellt werden. 1948, im Jahr der Währungsreform und der Aufhebung der Materialbewirtschaftung, gab es aber gerade einmal 1.200 neue Wohnungen. Für den großen Durchbruch mangelte es jetzt vorübergehend an Kapital. Mindestens 25.000 Menschen suchten zu dieser Zeit noch eine Bleibe. Erst Monate später setzte dank der Unterstützung durch das Land Nordrhein-Westfalen die langfristige öffentliche Wohnungsbauförderung ein. 1950 fehlten aber weiterhin mehr als 11.000 Unterkünfte und die Zahl stieg kontinuierlich an, weil immer mehr Menschen nach Münster strömten. Um rasch Abhilfe zu schaffen, schlossen sich vermehrt Grundeigentümer zu Wiederaufbaugemeinschaften zusammen, um die Kosten zu senken. Auch dafür vergab die Landesregierung bis 1959 Darlehen und förderte 41 solcher Einrichtungen. Der Wohnungsbestand von 1939 wurde erst 1956 überboten.

Gewaltige Schäden verzeichneten zudem die Wirtschaftsunternehmen. Von 1.678 Gewerbe- und Industriegebäuden galten rund zwei Drittel als zerstört, der Rest als schwer beschädigt. Katastrophal stand es ferner um die Infrastruktur. Von den 455 Kilometern des elektrischen Leitungsnetzes der Stadtwerke waren nur noch 59 betriebsbereit. Allein die Wasserhauptleitung mit einer Länge von 231 Kilometern wies 2.400 Unterbrechungen auf, die Gasversorgung 2.000 Hauptrohrbrüche. Anfang 1947 konnten nur zehn Prozent der Haushalte mit Gas versorgt werden. Im Jahr darauf waren dann alle Leitungen wiederhergestellt. Trotz einiger Lichtblicke glaubte kaum jemand daran, die wiederaufgebaute Stadt noch einmal zu erleben, so der resignierende Tenor selbst unter der jüngeren Generation.

Mitte Juli 1945 hatte man begonnen, als Erstes die wichtigsten Straßen freizulegen. Dazu wurden auf Anordnung der Militärregierung ehemalige NSDAP-Mitglieder und rund 500 Amtsträger zwangsweise herangezogen. Insgesamt beteiligten sich an dieser Aktion etwa 4.000 bis 6.000 Frauen und Männer. Das meiste geschah in Handarbeit. Immerhin hatte der Verkehr wieder freie Bahn. Die gezielte und organisierte Großräumung setzte erst im Mai 1946 ein. Zu Pflichteinsätzen zogen die Behörden alle arbeitsfähigen Münsteraner im Alter von 15 bis 60 Jahren für sechs Tage heran, sofern sie keiner anderweitigen Beschäftigung nachgingen. Auch viele Frauen beteiligten sich daran. 1947 fand eine erneute Räumaktion statt. Im September gab die Stadt bekannt, dass etwa 185.000 Kubikmeter Trümmer beseitigt worden seien. Im Dezember 1949 hatte man den millionsten Kubikmeter geräumt, aber immer noch wartete mehr als die Hälfte Schutt auf die Beseitigung. Seit 1946 waren 37 Kleinlokomotiven mit fast 670 Schuttloren und acht Bagger im Einsatz. Die Trümmer, auf dem Hindenburgplatz zwischenge-

Am 23. Dezember 1945 berief Papst Pius XII. Bischof Graf v. Galen ins Kardinalskollegium. Er würdigte damit dessen mutiges Auftreten nach 1933. Die Aufnahme zeigt ihn nach seiner Rückkehr aus Rom vor der Lambertikirche.

lagert, wurden in Kinderhaus, im Bereich der späteren Robert-Bosch-Straße und in einer Sandgrube an der Gasselstiege in der Nähe der „Germania-Brauerei“ deponiert. Bei der Aktion sortierte man brauchbare Steine aus.

In der großen Not erreichte die Stadt kurz vor Weihnachten 1945 eine sensationelle Nachricht. Am 23. Dezember gab der Rundfunk bekannt, dass Papst Pius XII. Graf Galen zum Kardinal ernannt hatte. Damit würdigte er dessen mutiges Einstehen für christliche Werte und Menschenrechte und ließ die Weltöffentlichkeit wissen, dass man nicht das gesamte deutsche Volk für die Verbrechen des NS-Systems haftbar machen könne. Dieser Ansicht war auch Galen. Die Brisanz der Ehrung dämmerte der Besatzungsmacht aber erst allmählich. Am 8. Februar 1946 begab sich Galen auf den Weg nach Rom. Die Reise stand allerdings von Anfang an unter einem so ungüns-

Kardinal v. Galen war krank aus Italien zurückgekehrt. Die Ärzte konnten ihm nicht mehr helfen. Am Freitag, dem 22. März, gegen 17.00 Uhr starb er. Das Foto zeigt den von der Kreuzkirche zum Dom führenden Trauerzug in der Nordstraße.

tigen Stern, dass sich dem in Köln nach Kriegsende verbliebenen schweizerischen Generalkonsul Franz Rudolf v. Weiss der Verdacht aufdrängte, Galen sollte Rom erst gar nicht erreichen.

Der großen Freude und dem sichtlichen Stolz über die weltweite Aufmerksamkeit folgte das Unfassbare. Tief erschüttert vernahmen die Münsteraner am Spätnachmittag des 22. März Totenglocken. Viele hatten schon bei der Rückkehr aus Italien Galens fahlen Gesichtsausdruck bemerkt. Als ihn seine Mitarbeiter drängten, ärztlichen Rat einzuholen, war es zu spät. Das auf Bitten des früheren Reichstagsabgeordneten und ersten Nachkriegsrektors der Universität Münster, Georg Schreiber, von den Briten aus Bonn herbeigeschaffte Penicillin kam zu spät. Die Gläubigen des Bistums hatten mit Galen nicht nur ihren Oberhirten, sondern auch einen mutigen und entschlossenen, vor allem moralisch integren Fürsprecher verloren, der zudem gegenüber der Militärregierung die geringen Rechte seiner Landsleute wirkungsvoll vertreten hatte. Als Bewahrer katholischer Identität wirkte seine Persönlichkeit noch Jahrzehnte fort.

Weit verbreiteter Mangel bestimmte den Alltag in den beiden ersten Nachkriegsjahren. Strom und Gas gab es nur unregelmäßig, Heizmaterial so gut wie gar nicht. Der Kampf um das tägliche Brot ließ niemanden zur Ruhe kommen. Von den auf den Lebensmittelkarten zugeteilten Rationen konnte ohnehin niemand leben. „Hamsterfahrten" in das Umland verliefen für viele Hungernde aber oftmals enttäuschend. Aufgrund der zentralen Lage der Stadt hatte sich 1945 in der Bahnhofstraße einer der größten Schwarzmärkte im nördlichen Westfalen ausgebreitet. Deutsche und britische Behörden griffen zunächst nicht ein. Gegen das Tauschen von Wertgegenständen in Lebensmittel wollten sie so lange nichts einwenden, wie damit kein groß aufgezogener Handel verbunden wurde. Ohne Tausch- und Schwarzmarktgeschäfte könnten die Deutschen nicht überleben, hielt ein hoher britischer Offizier fest. Ende April 1947 sank die tägliche Kalorienzahl auf rund 700. Kartoffeln kannte man nur noch dem Namen nach. Mit großer Dankbarkeit nahm die Bevölkerung deshalb ausländische Spenden entgegen. Außerdem trafen wiederholt Nahrungsmittel für Schulspeisungen ein, auch aus britischen Militärbeständen. Diese verteilte die Stadt erstmals im Februar 1946, nachdem der Unterricht wieder überall aufgenommen werden konnte. Zu aller Not wurde Münster im Februar 1946 von einem seit Jahrzehnten nicht mehr erlebten Hochwasser heimgesucht. Der strenge Winter 1947 tat ein Übriges.

Das Jahr 1948 brachte dann die entscheidende Wende. Mit der Währungsreform am 20. Juni konnte die Lage auf niedrigem, aber solidem Niveau stabilisiert werden. Damit war das „Dritte Reich" auch ökonomisch Vergangenheit. Kurz danach demonstrierten Tausende Münsteraner gegen die hohen Preise. Erst im Herbst 1949 hoben die Behörden die Zwangsbewirtschaftung für Lebensmittel auf. Lediglich Brot, Fleisch, Fett und Zucker waren noch bis zu Beginn des folgenden Jahres rationiert. Armut und Bescheidenheit blieben daher stete Begleiter, und

Die protestantischen Vertriebenen fanden nach 1945 in der Stadt kaum noch unversehrte Kirchen vor. Sie waren deshalb für eine schwedische Spende sehr dankbar, mit der am 31. Oktober 1953 in Mecklenbeck das Gustav-Adolf-Haus errichtet werden konnte.

das Kriegsende warf weiterhin lange Schatten. Unzählige Soldaten befanden sich nach wie vor in Gefangenschaft, das Schicksal vieler blieb ungewiss. Waisen, Kriegerwitwen, alleinerziehende Mütter und Väter, traumatisierte Kinder sowie Abertausende Invaliden, im Straßenbild unübersehbar, trugen am härtesten an den Folgelasten des Kriegs.

Seit 1950 hatten sich die Verhältnisse so weit gebessert, dass von einer langsamen Normalisierung gesprochen werden konnte. Trotzdem litten viele Familien nach wie vor, wenn auch aus unterschiedlichen Gründen. Dies traf besonders auf die 16.000 in der Stadt lebenden Vertriebenen und Flüchtlinge aus Schlesien, Pommern und Ostpreußen sowie der Sowjetzone zu. Ihre Anzahl sollte in den kommenden Jahren sprunghaft anwachsen. Sie waren in Notunterkünften, etwa in der Weißenburg-Kaserne, in Lagern in Mecklenbeck und Gievenbeck untergebracht. Das Lager auf der Loddenheide wurde 1947 sogar als das schlimmste in der britischen Zone beschrieben. Trotz immenser Anstrengungen dauerte es mehr als zwei Jahrzehnte, ehe die letzten „Quartiere“ verschwanden. Fast alle klammerten sich an die Hoffnung, in ihre Heimat zurückkehren zu können. Begünstigt unter den Vertriebenen waren indessen Bauarbeiter.

Im Juli 1947 zählte man in der Stadt bereits 1.700. Das Bauamt hatte sich 1946 sogar in Lagern Niedersachsens und Schleswig-Holsteins nach ihnen umgesehen, damit sie den Wiederaufbau unterstützten. Uneingeschränkt lässt sich feststellen, dass Münsters Wiedererstehen dank ostdeutscher Fachkräfte um einiges schneller über die Bühne ging. Mittlerweile ist vergessen, dass 1955 ein Viertel der Bevölkerung, rund 35.000 Menschen, Vertriebene und Flüchtlinge waren.

Die neue Staatsordnung im ehemaligen preußischen Westen nahm im Sommer 1946 Konturen an. Am 17. Juli gaben die Briten die Gründung Nordrhein-Westfalens bekannt. Westfalen hatte damit seine staatliche Spitze verloren, und Münster war keine Provinzialhauptstadt mehr. Regierungssitz des neuen Landes wurde Düsseldorf. Über den Verlust dieses Status, der noch große preußische Geschichte atmete, kam man nicht so leicht hinweg. Die Stadt, die sich in ihrem Briefkopf bis 1973 als solche titulierte – zu Anfang sehr zum Ärger Düsseldorfs –, befürchtete, nicht mehr als traditionelle Metropole Westfalens respektiert zu werden. Solche Bedenken reichten bis in die 1920er-Jahre zurück, als Münster wiederholt damit gerechnet hatte, das Oberpräsidium an Dortmund zu verlieren. Die Ansiedlung des Oberverwaltungsgerichts 1949 und später jene des Verfassungsgerichtshofs Nordrhein-Westfalens konnten diese Sorgen zunächst nicht zerstreuen.

Was politisch nicht mehr gegeben war, sollte die kulturelle Schiene richten. Hier spielte der Stadt bald der Landschaftsverband Westfalen-Lippe in die Hände, der aus dem preußischen Provinzialverband hervorgegangen war. Er unterstützte eminent den von Münster ausgehenden gesamtwestfälischen Anspruch. Die Großbehörde hatte der frühere Landesrat Bernhard Salzmann über den Krieg retten können. Am 2. Juni 1945 wurde er von den Briten zum Landeshauptmann der Provinzialverwaltung von Westfalen berufen und damit zu einem der ranghöchsten Beamten ihrer Besatzungszone. Salzmann baute danach die Verwaltung wieder auf, was der kurzzeitigen westfälischen Provinzialregierung in Münster und nachfolgend der Landesregierung in Düsseldorf alles andere als behagte. Obwohl der Status einer Provinzialhauptstadt verloren war, profitierte Münster nach 1946 von der neuen Rolle alter und neuer Einrichtungen, darunter der späteren Westdeutschen Landesbank, der Bundeswehr und natürlich der Universität. Dass außerdem andere Behörden nicht mehr mit ihrer Tätigkeit vor 1933 verglichen werden konnten und im Zuge der Neuausrichtung auf die Strukturen Nordrhein-Westfalens an Bedeutung gewannen, kam der Stadt sehr zugute.

Ohne politische Parteien konnte das neue demokratische Staatswesen nicht bestehen. Den Weg hierzu hatte die Militärregierung am 15. September 1945 geebnet. Die Anfänge gestalteten sich schwieriger als gedacht. Vertreter des in der Stadt vor 1933 tonangebenden Zentrums waren sich in der Frage einer Neubelebung ihrer Partei nicht einig. Der Wiederbeginn Mitte Oktober 1945 sollte sich schon bald als Fehlschlag erweisen. Das Zentrum verharrte erkennbar in der Vergangenheit und tat sich schwer, gegenüber der anderen christlichen Partei, der CDU, ein eigenes Profil zu entwickeln. Erlangte es anfangs noch achtbare Ergebnisse, etwa bei den Kommunalwahlen 1946 und 1948 mit 22,3 bzw. 27,1 Prozent, so rutschte man 1956 auf 7,7 Prozent ab. 1961 fiel das Zentrum mit 2,8 Prozent unter die Fünf-Prozent-Marke. Zum Niedergang hatte allerorten die dünne Personaldecke beigetragen. An die Spitze des Kreisverbands Münster trat im Oktober 1945 Rechtsanwalt Bernhard Reismann, von 1957 bis 1959 münsterscher Regierungspräsident.

Das Rennen um die Wählergunst des katholischen Lagers machte die CDU. Sie reüssierte auch deshalb, weil die katholische Kirche hinter ihr und nicht mehr hinter dem Zentrum stand. Zu den wichtigsten Wegbereitern gehörten im Sommer 1945 der frühere Reichstagsabgeordnete Georg Schreiber, einst Zentrum, der ehemalige Regierungspräsident Hermann Pünder, der Rechtsanwalt Georg Jöstingmeier sowie der Genossenschaftsanwalt Johannes Peters. Dieser und Jöstingmeier galten als die eigentlichen Betreiber der Parteigründung. Selbst Galen stand der Idee der überkonfessionellen Partei wohlwollend gegenüber und gab beiden für das Programm einige Wünsche mit auf den Weg, die sich jedoch mit deren demokratischer Sendung nicht vereinbaren ließen. Der Bischof plädierte für den Namen „Christlich Soziale Volkspartei“.

Am 15. Oktober 1945 konstituierte sich die münstersche Christlich Demokratische Partei, kurz danach Christlich Demokratische Union genannt. Erster Vorsitzender wurde Hermann Pünder, der allerdings nach einem Monat das Amt wieder abgab, da er Nachfolger Konrad Adenauers als Kölner Oberbürgermeister wurde. Rechtsanwalt Ernst Roters beerbte nach wenigen Monaten Pünder. Vor den über 400 Anwesenden bei der Gründungsversammlung in der Stadthalle hatte sich auch der zum stellvertretenden Vorsitzenden gewählte Professor für Alte Geschichte an der Universität Münster, Hans Erich Stier, zu Wort gemeldet. Der Protestant sollte evangelische Kreise für die CDU gewinnen. Dies gelang mit Verzögerung, aber durchaus mit Erfolg. Kein Jahr nach der Gründung zählte die Partei in Münster 450 Mitglieder.

Bereits aus den ersten Wahlen, den Kommunalwahlen vom 13. Oktober 1946, ging die CDU in Münster als stärkste Partei hervor und errang 43,3 Prozent der Stimmen. Die Wahlbeteiligung lag bei 71,6 Prozent. Dank eines modifizierten Mehrheitswahlrechts nach englischem Muster sicherte sie sich gleich 27 der 36 Sitze. Nach der Verabschiedung des Gemeindewahlgesetzes im April 1948, das auf einem Kompromiss aus der Persönlichkeitswahl und dem Verhältniswahlsystem basierte, büßte die CDU bei den Kommunalwahlen am 17. Oktober 1948 ihren Vorsprung ein. Sie erhielt nur noch 31,6 Prozent. Auf die SPD entfielen 28,7, auf das Zentrum 27,1 und auf die FDP 7,5 Prozent. An der langfristigen Vormachtstellung der CDU änderte dies aber nichts. Mit 51,6 Prozent erlangte sie bei der Kommunalwahl 1961 erstmalig die absolute Mehrheit der Stimmen. 1984 büßte sie diese wieder ein.

Die Partei reüssierte auch bei den Landtagswahlen. 1947 fiel das Mandat an ihren Mitbegründer Georg Jöstingmeier. 1950 und ebenfalls vier Jahre später wurde er bestätigt. Selbst bei der ersten Bundestagswahl 1949 siegte die CDU. Der bis dahin weitgehend unbekannte Bezirksjugendbetreuer Peter Nellen setzte sich sensationell gegen die populäre Zentrumskandidatin Helene Wessel mit 34,6 Prozent durch. Noch deutlicher trat der Siegeszug bei der zweiten Bundestagswahl 1953 hervor, als auf Nellen 67,8 Prozent entfielen, allerdings als gemeinsamer Kandidat von CDU und Zentrum. Ein Erfolg, der danach nicht mehr übertroffen wurde, gelang ihm 1957 mit 64,8 Prozent, dieses Mal als alleiniger CDU-Bewerber. Innerhalb weniger Jahre hatte die Partei eine unangefochtene Stellung erreicht. Dies verdankte sie jungen, unbelasteten Politikern, denen die Wähler den glaubwürdigen Neubeginn abnahmen. Nach seinem großen Triumph 1957 kam es aber in der Frage der möglichen Atomrüstung zum Zerwürfnis zwischen Nellen und der CDU. Im November 1960 trat er zur SPD über. In Münster löste dies einen Sturm der Entrüstung aus.

Die SPD, Ende August 1945 zunächst inoffiziell wiedergegründet, bewegte sich bei allen Wahlen im Bereich von 25 bis 30 Prozent. Sie hatte vor allem in der Arbeiterschaft, in protestantischen Wählerkreisen und unter den evangelischen Vertriebenen und Flüchtlingen Rückhalt. Ihre besten Ergebnisse, jeweils um 35 Prozent herum, erzielte sie erst nach 1960. Sie war mit zwei populären Politikern vertreten, Theodor Geringhoff – er stand 13 Jahre an der Spitze der SPD-Ratsfraktion – und dem Sozialdezernenten Heinrich Hemsath. Letzterer wurde 1956 nordrhein-westfälischer Sozialminister. Mit dem selbstständigen Zimmermeister Geringhoff, der bereits von 1928 bis 1932 dem Rat angehört hatte, verfügte die Stadt in den schwierigen Nachkriegsjahren obendrein über einen versierten Baufachmann.

CDU, SPD, FDP und zuvor das Zentrum bildeten zwar untereinander oder wechselweise keine Koalition, arbeiteten aber eng zusammen. Die Kommunalpolitik der frühen Jahre ließ keinen Platz für Gegensätze. Wichtige Entscheidungen fielen ohnehin fast immer einstimmig. Selbst in Personalfragen herrschte Einvernehmen. 1952 wählte der Rat Heinrich Austermann so-

Zu den populärsten Lokalpolitikern gehörte Theodor Geringhoff, von 1946 bis 1959 SPD-Fraktionsvorsitzender. In dem Zimmermeister verfügte die Stadt in den Nachkriegsjahren obendrein über einen versierten Baufachmann.

Heinrich Hemsath, Erster Beigeordneter und Sozialdezernent von 1945 bis zu seiner Berufung zum nordrhein-westfälischen Sozialminister 1956, war der prominenteste Vertreter der SPD. Er hatte dem Rat bereits von 1928 bis 1933 angehört.

gar ohne Gegenstimme zum Nachfolger des seit 1946 amtierenden Oberstadtdirektors Karl Zuhorn. Bei der Ratsarbeit fiel daher den Fraktionsvorsitzenden der beiden großen Parteien eine besondere Rolle zu, allen voran Heinrich Stadtbäumer, CDU, der das Amt von 1954 bis 1963 innehatte, sowie Theodor Geringhoff von der SPD, der von 1946 bis 1959 amtierte. Es gab eine weitere Besonderheit: Vom Prinzip, der SPD den Posten des Sozialbeigeordneten zu überlassen, wich die CDU auch dann nicht ab, als sie längst über die absolute Mehrheit verfügte.

Den wirtschaftlichen Neubeginn hielten 1945 viele für noch weniger realisierbar als den politischen. Arbeit war ge-

Vom Juni 1945 bis zum April 1946 amtierte Karl Zuhorn, bereits 1932/33 Stadtoberhaupt, als Oberbürgermeister. Mit Inkrafttreten der neuen Gemeindeordnung übernahm er das Amt des Oberstadtdirektors, das er bis 1952 ausübte.

Heinrich Austermann, Oberstadtdirektor von 1952 bis 1973, gilt als Schöpfer des modernen und als Wegbereiter des größeren Münster. In seiner Amtszeit überwand die Stadt rasch die Kriegsfolgen und überzeugte durch den gelungenen Wiederaufbau.

nügend vorhanden und trotzdem war sie Mangelware. Einzig die Bauindustrie profitierte vom zaghaften Start und ging erfindungsreich zu Werke. So wurden aus den zerkleinerten Trümmern Backsteine hergestellt. Die Unternehmer konnten in der frühen Besatzungszeit jedoch nicht wieder dort anfangen, wo sie am Ende des „Dritten Reichs“ aufgehört hatten. Mit dem Tag der Kapitulation am 8. Mai hatten sie sämtliche Rechte verloren, einen Betrieb zu führen. Wegen allzu großer Nähe zum NS-Staat erhielt daher eine größere Zahl Berufsverbot. Angesichts der Mangelwirtschaft nahm die Militärregierung von den Beschränkungen aber bald wieder Abstand. Die Unternehmer, die der NSDAP oder Unterorganisationen angehört hatten, oft aus Opportunismus, wie nach 1945 behauptet, durchliefen das Entnazifizierungsverfahren und wurden als „Mitläufer“ eingestuft. Typisch hierfür war der Fall eines Bauunternehmers, der als Parteimitglied zugleich dem Vorstand seiner Kirchengemeinde angehört hatte. Lediglich drei Werksdirektoren wurden interniert.

Anhaltende Gefahr für den Neubeginn drohte von anderer Seite. Firmen, deren Spezialmaschinen noch funktionsfähig waren, lebten in ständiger Angst vor der Demontage. Gefährdet waren davon die „Hiltruper Röhrenwerke“, die ebenfalls dort ansässige Farbenfabrik „Glasurit“ sowie der „Flugzeug-Reparaturbetrieb Hansen“. Getroffen hat es nur die Röhrenwerke und Hansen. Neue Existenzen bauten sich außerdem Unternehmer auf, die aus der Sowjetzone geflohen waren. Mittel des Marshallplans und die Nachfrage nach der Währungsreform 1948 begünstigten so manchen nicht immer einfachen Neubeginn. Dazu gehörte die 1866 gegründete, im Erzgebirge ansässige Spinnereimaschinenfabrik „Hamel“. Sie ließ sich 1952 auf dem Gelände des früheren „Flugzeug-Reparaturbetriebs Hansen“ am Dahlweg nieder und beschäftigte 1963 als zweitgrößter Industriebetrieb 500 Mitarbeiter. Lediglich die „Germania-Brauerei“ hatte noch mehr Personal aufzuweisen.

Auch im Bildungswesen gestalteten sich die Dinge nicht einfach. Die Universität hatte während des Kriegs schweren Schaden genommen. Von 39 großen Gebäuden waren 1945 nur noch drei unversehrt, 13 waren vollständig zerstört. Unbelastete Professoren, die die Stadt 1933 verlassen hatten, zeigten 1945 zudem wenig Bereitschaft, an die verwüstete Universität zurückzukehren. Diejenigen, die in Münster verblieben waren, zählten entweder zu den überzeugten Nationalsozialisten und wurden sofort entlassen oder waren, wie so viele Deutsche, angepasste „Mitläufer“. Letztere mussten sich vor einem Sichtungsausschuss der Universität verantworten. Von 168 Dozenten gehörten 119 der NSDAP an. 1945/46 wurden 36 in ihrem Amt bestätigt, 38

Der Wiederaufbau ermöglichte ungewöhnliche Einblicke: Durch den Haupteingang des Schlosses rollt eine Trümmerbahn. Im Hintergrund sind die Türme von Überwasser, Dom sowie Lamberti zu sehen: eine Aufnahme vom Sommer 1948.

entlassen, die restlichen waren Emeriti oder Kriegsgefangene. Einem Entnazifizierungsverfahren mussten sich ebenfalls die Studierenden stellen. Ausgeschlossen blieben solche, die im NS-System als Amtsträger fungiert hatten, gleich in welcher Organisation.

In dieser Umbruchphase gestaltete sich die Suche nach einem Rektor überraschend einfach. Ein am 16. Juli 1945 gebildeter Notsenat verständigte sich auf den katholischen Kirchenhistoriker Georg Schreiber. In dem unbelasteten Priester und NS-Verfolgten erblickten die Briten eine Idealbesetzung. Moralisch gesehen war er die beste Wahl. Er verfügte außerdem in der katholischen Welt über beträchtliche Kontakte. Seine Ära endete aber bereits nach einem Jahr. Ein Mediziner trat an seine Stelle. Am 3. November 1945 nahm die „Westfälische Landesuniversität", wie sie sich bis 1952 nannte, den Lehrbetrieb pro forma auf, wenn auch nicht sogleich in allen Fakultäten. Seminare fanden in behelfsmäßigen

Unterkünften, in eigens aufgestellten Baracken und sogar in den Wohnungen der Dozenten statt. 1.250 Studenten waren immatrikuliert. Um einen Studienplatz zu erhalten, musste zu Beginn des Sommersemesters 1946 jeder Bewerber nachweisen, dass er beim Schutträumen mitgeholfen hatte. Dabei ging es auch um den geplanten Wiederaufbau des Schlosses. Die Militärregierung wollte ursprünglich die Ruine abreißen und an deren Stelle ein Offizierskasino sowie Garagen errichten. Sie konnte angesichts der noch brauchbaren Bausubstanz davon abgebracht werden.

Kaum weniger schwierig stand es um die Verhältnisse im Schulwesen. Nicht nur, dass die meisten Gebäude zerstört waren, darunter sieben der acht Gymnasien, es gab keine „unbelasteten" Pädagogen und schon gar kein neues Lehrmaterial. Aus diesem Grund hatte die Militärregierung zunächst einmal alle Schulen geschlossen. Was notdürftig repariert werden konnte, wurde jedoch hergerichtet, und so nahm die Schule in Kinderhaus am 23. Oktober 1945 als erste den Unterricht für die unteren Klassen auf. Kurz danach folgten Gievenbeck und Mecklenbeck sowie die Martinischule. Anfang Januar 1946 mussten die Stadtoberen gegenüber den Briten allerdings kleinlaut einräumen, dass etwa 4.000 Kinder, 50 Prozent aller Schulpflichtigen, noch nicht in den Unterricht eingegliedert worden seien. Dafür machten sie das Fehlen von Klassenzimmern verantwortlich. Ende 1946 gab die Verwaltung bekannt, dass von 237 Räumen 1939 gerade einmal 73 freigegeben werden konnten. Selbst im Sommer 1949 waren nur knapp 50 Prozent des Vorkriegsbestands wieder hergestellt. Trotzdem konnten zu Schuljahresbeginn Ostern 1946 alle Volksschulen geöffnet werden. Mit dem Unterrichtsbeginn an den Gymnasien Ende Februar 1946 – die Mittelschulen folgten noch später – sollte sich die Lage aber weiter verschärfen, denn gleich mehrere Klassen mussten sich im täglichen Wechsel die wenigen Räume teilen. Der Wiederaufbau der Schulen begann erst zwischen 1950 und 1960. Als erstes Gymnasium wurde 1954 die bischöfliche Marienschule errichtet. 1956 folgte das Annette-Gymnasium, 1957 das Freiherr-vom-Stein-Gymnasium sowie das Paulinum und 1959 die Hildegardisschule. Das Paulinum

Nach Aufräumarbeiten 1946 und der nachfolgenden Entkernung begann im Frühjahr 1947 der Wiederaufbau des Schlosses. Es sollte fortan der Universität als Verwaltungssitz dienen. Am 12. Mai 1949 feierte man das Richtfest.

war übrigens neun Jahre Gast in den Räumlichkeiten des Schiller-Gymnasiums.

Vor einem Neuanfang stand ebenfalls das Pressewesen. Die Briten suchten dafür unbelastete Persönlichkeiten. Im Sommer 1946 erhielten der ehemalige Reichstagsabgeordnete des Zentrums, Franz Bornefeld-Ettmann aus Wadersloh bei Beckum, der letzte Chefredakteur des „Münsterschen Anzeigers", der katholische Publizist Gottfried Hasenkamp sowie Friedrich Leopold Hüffer die Genehmigung zur Herausgabe der „Westfälischen Nachrichten". Gemäß alliierter Verordnung mussten alle Zeitungen Namen tragen, die nicht an Vorgängerblätter erinnerten. Die Lizenznehmer hatten sich des-

Die Feierlichkeiten zur Grundsteinlegung des Rathauses waren das erste Volksfest nach dem Krieg. Rund 25.000 Menschen hatten sich auf dem festlich geschmückten und zum Teil schon wiedererrichteten Prinzipalmarkt eingefunden.

halb für „Westfälische Nachrichten“ entschieden, um den Hauptstadtanspruch Münsters in der zwar aufgelösten, aber in den Köpfen noch weiterbestehenden Provinz zu betonen. Auf diesen Sachverhalt hatte bereits der ernannte Stadtrat nach Gründung Nordrhein-Westfalens am 17. Juli 1946 eigens hingewiesen. Die erste Ausgabe erschien am 3. August 1946.

Den Wiederaufstieg Münsters haben nach 1945 zwei entscheidende Ereignisse nachhaltig befördert: zum einen die Erinnerung an den 300. Jahrestag des Westfälischen Friedens im Oktober 1948, zum anderen die Grundsteinlegung zum Wiederaufbau des Rathauses im Juli 1950. Schon früh überstrahlte der mit dem Jahr 1648 verbundene Friedensgedanke Elend, Hunger und Not. Wenn schon für das Rathaus kein Geld vorhanden sei, solle wenigstens der Friedenssaal wiedererrichtet werden, meinten Kaufleute und Handwerker 1947. Der nicht nur wegen der historischen Bedeutung einmalige Raum mit seiner Renaissancevertäfelung von 1577 war mit anderem Inventar nach zunehmenden Bombardements 1942 ausgebaut worden und unversehrt geblieben. Dank zahlreicher Geld- und Sachspenden und vieler Freiwilliger konnten Mitte Mai 1948 die Arbeiten beginnen. Die Stadt stimmte dem Vorhaben rasch zu, weil sie

Bald nach den Feiern zum Wiederaufbau des Rathauses im Juli 1950 begannen die Planungen und erste Arbeiten. Ein Jahr später konnten dann die fünf Basen für die neuen Säulen der Giebelfront aufgestellt werden.

damit in besonderer Weise Münsters Anspruch als Hauptstadt Westfalens von Neuem beleben konnte. Sie ahnte freilich nicht, dass dies zugleich der Startschuss zum Wiedererstehen des Rathauses werden sollte. Das Unglaubliche gelang: 14 Tage vor dem Jubiläum war der Saal fertig. Am 24. Oktober begrüßten dort – inmitten der Ruine des Rathauses – Oberbürgermeister Franz Rediger und Oberstadtdirektor Karl Zuhorn die Gäste, darunter den Ministerpräsidenten von Nordrhein-Westfalen, Karl Arnold. Viele Einwohner hatte besonders der Festumzug jenes Tages tief beeindruckt. „... Da standen nicht nur die wiedererbauten Häuser – in ihren Fassaden den alten angeglichen – auf ihren Plätzen, sondern aus ihren Fenstern sahen, wie noch vor zwanzig Jahren, die Leute heraus. Und alles jubelte dem wiedererstandenen Münster zu. Diese Stimmung wurde eine wesentliche Grundlage des ganzen kommenden Jahrzehnts", hielt der münstersche Mathematiker Professor Heinrich Behnke fest.

Das andere Ereignis betraf den 1950 einsetzenden Wiederaufbau des Rathauses. Pläne hierzu hatte die Stadt nicht.

Fehlende finanzielle Mittel sowie Mangel an Material und Fachkräften waren aber nicht der einzige Grund. Die Verwaltung trieben andere Sorgen um. Die Wohnraumfrage und die Reparatur aller Leitungsnetze der Stadtwerke hatten bisher Vorrang. Die Feierlichkeiten zum 300. Jahrestag des Westfälischen Friedens, die Wiedererrichtung des Prinzipalmarkts sowie allgemein der Aufbruch nach der Währungsreform im Juni 1948 hatten einen Umdenkungsprozess in der Bürgerschaft eingeleitet. Im November 1949 präsentierte der Verein der Kaufmannschaft der Öffentlichkeit seine Rathauspläne und unterbreitete Vorschläge zur Finanzierung. Wortführer war der Verleger der „Westfälischen Nachrichten", Friedrich Leopold Hüffer. Der Vorschlag stieß auf breite Zustimmung, so dass die skeptische Stadtverwaltung bereitwillig der Kaufmannschaft das Feld überließ. Am 9. Juli 1950 fand die Grundsteinlegung statt. Etwa 25.000 Einwohner hatten sich auf dem Prinzipalmarkt zum ersten Bürgerfest seit 1945 versammelt. Die Unterstützung übertraf alle Erwartungen. Jeder wollte helfen, der Münsteraner, der eine Mark spendete, oder das Land Nordrhein-Westfalen, das 35.000 DM bereitstellte. Abzüglich aller Kosten spielten mit rund 873.000 DM allein die Rathauslotterien die Hälfte der Gesamtkosten ein. Kein anderes Ereignis sollte bis zur Fertigstellung 1958 die angestammte Rolle Münsters in Westfalen markanter bestätigen als das Wiedererstehen dieses Hauses. Darin spiegelte sich zugleich die Sympathie für eine Idee wider, die sich vielerorts nicht hatte durchsetzen können: die Bewahrung der Tradition.

Nach der Grundsteinlegung 1950 schritt alles recht zügig voran. Genau zwei Jahre später, am 8. Juli, wurde das Richtfest gefeiert, am 30. Oktober 1954 waren der Giebel und am 26. Juni 1956 die Bürgerhalle fertig. Am 30. Oktober 1958 ging das Rathaus in den Besitz der Stadt über. Das Gemeinschaftswerk machte die Münsteraner zu Recht stolz, und man kann wohl seither vom Beginn eines neuen städtischen Patriotismus sprechen. Mit der Idee, den Wiederaufbau selbst in die Hand zu nehmen, hatte die Kaufmannschaft lange vor ähnlichen Initiativen der Wahrung bürgerschaftlichen Gemeinsinns den Weg gewiesen. Ihr ver-

Zur Einweihung des wiederaufgebauten Doms fand vom 15. bis zum 21. Oktober 1956 eine Festwoche statt. Aus allen Teilen des Bistums kamen täglich Tausende Gläubige. Die Aufnahme entstand vor dem gerade im Bau befindlichen Hauptbahnhof.

dankte Münster 1956 außerdem die Belebung des jährlichen Kramermahls, das an einen spätmittelalterlichen Festbrauch der Gilde der Kaufmannschaft anknüpfte.

Das Wiedererstehen des Doms zog sich gleichfalls zehn Jahre hin. Um die aufwändigen Steinmetzarbeiten zu konzentrieren, hatte sich das Generalvikariat für die Errichtung einer Bauhütte auf dem Domplatz entschieden. Zeitweise arbeiteten dort 40 Fachkräfte. Dabei lösten die Abschlussarbeiten am Westwerk, das nunmehr geschlossen und mit einer spröden Verzierung aus 16 kleinen Rundfenstern bedacht werden sollte, 1955 eine heftige Kontroverse aus. Bischof Michael Keller konnte dies jedoch nicht allein entscheiden. Die Stadt stellte sich quer. Ratsherren sprachen von Ärmlichkeit. Regierungspräsident Franz Hackethal hob deren Bauverbot wieder auf. Das Westwerk wurde, wie vorgesehen, erstellt. An das Äußere konnten sich die Münsteraner selbst während der nächsten 20 Jahre nicht gewöhnen. Zeitbedingt verlor sich danach der Streitfall. Mitte Oktober 1956 fand aus Anlass der Domweihe eine Festwoche statt. Einige gleichfalls schwer getroffene Kirchen der Innenstadt konnten schon früher fertiggestellt werden, etwa 1949 die Überwasserkirche. Im Oktober jenes Jahres wurde auch in der Lambertikirche die erste Messe gefeiert.

Weite Teile des historischen Zentrums hatten seit 1946 das traditionelle Erscheinungsbild zurückerhalten, wenn auch schlichter. Dabei orientierten sich Architekten und Bauherren an den überkommenen mittelalterlichen Raumstrukturen. Ähnlich hatte es als Erster der Architekt und spätere Ratsherr Hans Ostermann im Juli 1945 formuliert. Acht Prinzipalmarkthäuser fußen übrigens auf seinen Plänen. Ostermanns Ansicht schlossen sich die städtischen Architekten Baudirektor Heinrich Bartmann und Oberbaurat Edmund Scharf an, betonten aber, dass eine Kopie der Giebelhäuser des Prinzipalmarkts nicht in Frage kommen könne. Dessen Wiederaufbau stieß jedenfalls als perfekte Geschlossenheit von Raum und Stil bundesweit auf große Zustimmung.

Moderne Architektur setzte erst zehn Jahre nach Kriegsende Akzente. Umso mehr sorgten die Bundesbahndirektion, die Landwirtschaftskammer, die Pädagogische Hochschule und besonders das Stadttheater, das bisher im Foyer der nur zum Teil zerstörten Stadthalle untergebracht war, für Schlagzeilen. Der Neubau 1956 hatte deshalb so lange auf sich warten lassen, weil Rat und Verwaltung unter anderem der Bau von Schulen bisher wichtiger gewesen war. Ein 1950 zustimmend aufgenommener Entwurf Scharfs, in dem er für die Zusammenlegung von Stadttheater und Kongresshalle am ehemaligen Standort in der Neubrückenstraße plädiert hatte, war aus finanziellen Gründen nicht weiter verfolgt worden. Ferner stieß das Konzept nunmehr auf Skepsis. 1952 kam es daher zur Neuausschreibung. Scharf unterbreitete abermals einen Vorschlag. Ein weiterer stammte von Ostermann. Die im Konventionellen verhafteten Pläne stießen jedoch nicht auf Gegenliebe. Daraufhin wurde, vollkom-

Der neue Prinzipalmarkt entsteht. Der Wiederaufbau sollte sich dabei an den traditionellen mittelalterlichen Raumstrukturen unter Wahrung des alten Stadtbilds orientieren. So hatte es als Erster der Architekt Hans Ostermann formuliert.

men unüblich, die Frist zur Einreichung weiterer Entwürfe verlängert. Aus dem Wettbewerb ging der kühne, ja revolutionär zu bezeichnende Vorschlag der jungen Architektengruppe mit Harald Deilmann, Max v. Hausen, Ortwin Rave und Werner Ruhnau hervor. In das Haus hatten sie als natürliche Kulisse die Gartenfassade des von Wilhelm Ferdinand Lipper ausgangs des 18. Jahrhunderts erbauten und im Zweiten Weltkrieg zerstörten Romberger Hofs integriert, der das Theater von 1906 an beherbergt hatte.

Nicht nur durch seine funktionale und eigenwillige Grundform, sondern auch durch den bewussten Verzicht auf traditionelle Materialien wie Klinker und Sandstein unterschied sich das Haus von allen zuvor errichteten Gebäuden. Die Kosten von nahezu fünf Millionen Mark finanzierte die Stadt fast ausschließlich mit Krediten, so wichtig war ihr 1953/54 mittlerweile dieses Anliegen geworden. Die Fachwelt feierte das am 6. Februar 1956 eingeweihte Haus, den ersten deutschen Theaterbau nach 1945, als „befreienden Donnerschlag“ in der Architektur. Lob kam zudem von höchster Stelle. Wallace K. Harrison, Erbauer des UN-

Zum Deutschen Bauerntag 1953 war Bundespräsident Theodor Heuss angereist. Dabei besuchte er auch die Universität. Die Aufnahme vom 20. September zeigt Heuss, vorne, Zweiter von links, mit Rektor Professor Karl Heinrich Rengstorf.

Gebäudes in New York, bezeichnete das Theater als das schönste der Welt. Ende 1971 wurde noch das „Kleine Haus" fertiggestellt.

Das neue Münster allseits zu präsentieren, war wichtig. Viele Bürger erinnerten sich noch Jahrzehnte später gerne an Besuche bekannter Persönlichkeiten. Den denkwürdigsten gab es im September 1953. Bundespräsident Theodor Heuss hatte dem Deutschen Bauerntag sein Kommen zugesagt und machte zugleich der Stadt seine Aufwartung. Dabei fielen jene Worte, die der hart geprüften Bevölkerung wohltaten und auf Jahre hinaus den Wiederaufbau begleiteten. „Wenn ich in einer schönen Stadt war, habe ich immer gesagt, sie sei die zweitschönste in Deutschland, ob es nun Bamberg oder Bremen war. Damit provozierte ich die Frage, welche denn die schönste sei. Und dann habe ich gesagt: Münster." Das legendäre Zitat hat das Kulturamt später in verkürzter Form verwendet und Münster als schönste Stadt Deutschlands dargestellt. Heuss hat Vergleichbares über andere Orte gesagt, aber für Münster hatte er die char-

Kriegs- und Nachkriegszeit waren noch nah und oftmals doch schon fern. Das Unglaubliche des Wiederaufstiegs spiegelt sich auch in diesem Bild wider, das 1954 vor dem Bekleidungshaus Hettlage entstand.

manteste Redewendung parat. Der weitere gelungene Wiederaufbau der Stadt sollte ihm recht geben.

Bald nach dem Koreakrieg 1953 machte das Schlagwort vom Wirtschaftswunder die Runde. Auch Münster stand im Zeichen ungebremsten Wachstums. In fast allen Branchen herrschte Vollbeschäftigung, und viele freie Stellen konnten trotz der zeitweise höchsten Einwohnerzuwachsrate aller Städte Nordrhein-Westfalens noch nicht einmal besetzt werden. Von 1950 bis 1961 wuchs die Bevölkerung von 120.000 auf 183.000. Parallel dazu stieg die Zahl der in Münster wohnhaften Erwerbstätigen von rund 48.000 auf 76.500; einschließlich der Pendler betrug sie 1961 etwa 97.000. Auf den Arbeitsmarkt sollte sich seit 1956 zudem die Stationierung der Bundeswehr positiv auswirken. Die Stadt war wieder ein bedeutender Militärstandort geworden. Das Verteidigungsministerium hatte sie unter anderem deshalb ausgewählt, weil es dort zahlreiche frühere Liegenschaften der Wehrmacht gab. Arbeitslosigkeit hörte sich wie ein Fremdwort an. Wurde sie dennoch registriert, so lag dies an ungünstigen Witterungsverhältnissen für die Bauindustrie. Die imposanten Zahlen waren aber mit einem Makel behaftet. Bereits 1950 wies der Verwaltungsbereich mit 44,6 Prozent der Beschäftigten eine ungewöhnlich hohe Quote auf. Zwanzig Jahre später war sie auf 66 Prozent angestiegen. Demgegenüber hatte sich der Anteil der

Arbeiter von 42 auf 25 Prozent verringert. Als positiv zu bewerten ist allein der hohe Anteil der Frauen unter den Angestellten.

Oberstadtdirektor Heinrich Austermann, der um die Strukturschwäche des Gewerbes wusste, hatte schon in Zeiten wirtschaftlicher Blüte die einseitige Ausrichtung beklagt. Von der reinen Dienstleistungsgesellschaft allein könne die Stadt in Zukunft nicht leben. Nur 93 der 1952 im Handelsregister eingetragenen 1.210 Unternehmen verdienten tatsächlich die Bezeichnung Industriebetrieb; sie beschäftigten im Durchschnitt rund 50 Mitarbeiter. Insgesamt wies die Branche rund 4.000 Personen auf. Verhältnismäßig stark präsentierte sich zwischen 1950 und 1970 dagegen das Handwerk mit rund 9.000 Angestellten sowie die Bauwirtschaft mit etwa 9.500 Beschäftigten. Weitere 30 Prozent der Arbeitnehmer waren im Groß- und Einzelhandel tätig. So sehr solide Haushaltsführung, durchdachte Planung, etwa bei der Gestaltung neuer Stadtteile, sowie eine moderne Infrastrukturpolitik das positive Bild der Ära Austermann prägten, so sehr blieben Erfolge bei der Ansiedlung von Industriebetrieben aus. Das 1947 gegründete „Amt für Gewerbeförderung" bemühte sich redlich, zog jedoch kein Großunternehmen an Land. Als hinderlich erwies sich kurioserweise der Mangel an Arbeitskräften sowie an umfangreichen, vor allem zusammenhängenden Gewerbegebieten. Daneben stand es bis 1968 schlecht um die Anbindung an das Autobahnnetz.

1960 hatte das Werben um Industriebetriebe Erfolg. Im Mai fand der Spatenstich für das erste deutsche Werk des amerikanischen Weltkonzerns „Armstrong Cork Company" an der Robert-Bosch-Straße statt. Der Hersteller von Dämmmaterialien schuf mit seinen krisenresistenten Produkten gleich 220 Arbeitsplätze. Für die Wahl Münsters waren infrastrukturelle Umstände ausschlaggebend. Sie hatten den Managern die Entscheidung leicht gemacht.

Die Stadt wartete mit günstigen Grundstückkonditionen auf und übernahm die Erschließungskosten. Das Unternehmen wiederum konzentrierte dort seine europäischen Aktivitäten. Armstrong enttäuschte die Münsteraner nicht, 1972 folgte noch ein Deckenplattenwerk. Der lange Zeit größte Fabrikbetrieb beschäftigte rund 1.000 Mitarbeiter. 1968 war die Zahl der Industriearbeiter mittlerweile auf etwa 9.000 angewachsen, das war aber nach wie vor nur ein Zehntel aller Arbeitnehmer. Zum Vergleich: Aachen mit damals 176.000 Einwohnern wies 31.000 Industriearbeiter aus und selbst das nur 137.000 Menschen zählende Bonn immerhin 10.000.

Mit dem rasanten Aufbruch nach 1945 konnte die Infrastruktur nicht mithalten. Schon wenige Jahre nach Kriegsende drohte die Stadt am Verkehr zu ersticken. Dieses Thema beschäftigte Rat und Verwaltung sowie hinzugezogene Sachverständige über Gebühr. In den 1946 verabschiedeten „Richtlinien für die Stadtplanung der Stadt Münster" war man sich darin einig, um des besseren Verkehrsflusses willen neuen Wegeführungen den Vorzug vor kleinteiligem Wiederaufbau zu geben. Auf diese Weise entstanden die Straße „Am Stadtgraben", die vom Aegidiitor bis zum Landgericht führt, ferner die Überwasserstraße, der Bereich von der Bergstraße zum Mauritztor oder das Gebiet vom Servatiiplatz über die Engelenschanze bis zum Ludgeriplatz, zum Teil gegen den heftigen Protest der Bürger.

Um wenigstens die Innenstadt vom Durchgangsverkehr zu befreien, schritt die Verwaltung erfindungsreich zur Tat, jedenfalls lange bevor sich andere Städte der Idee verkehrsberuhigter Zonen annahmen. Bereits 1955 hatte sie die Salzstraße für den Durchgangsverkehr gesperrt. 1960 folgte die Ludgeristraße. Dagegen erhob sich lautstarker Protest. Dieser verhallte aber plötzlich, nachdem sich der Schritt an den „langen" Samstagen bestens bewährt hatte. Die beiden einstigen Verkehrsadern wurden später in reine Fußgängerzonen mit entsprechendem Straßenbelag umgewandelt. Die Ludgeristraße gehört inzwischen zu den meistbesuchten Einkaufsmeilen Deutschlands. Ende 1972 beschloss der Rat, weitere Straßen der Innenstadt für den Durchgangsverkehr zu sperren, darunter die Bäckergasse, die Wilmergasse, die Kreuzstraße oder die Kleine Bergstraße. Seit Juli 1980 galt dies selbst für den Prinzipalmarkt.

Vorwärts ging es ebenfalls auf den Ringstraßen. Im Dezember 1978 konnte die Verbindung zwischen dem Niedersachsenring und dem Kaiser-Wilhelm-Ring in Höhe des Bohlwegs hergestellt werden. Auch das leidige Thema „Umgehungsstraße" fand zunächst ein glückliches Ende. Deren Anfänge reichten bekanntlich bis 1927 zurück. 1954 nahm die Stadt das Projekt wieder auf. Zwischen 1956 und 1960 wurde die Trasse schrittweise freigegeben. Die Bezeichnung „Umgehungsstraße" verdiente sie freilich längst nicht mehr, da die einst ländlichen Bereiche der Stadtteile Geist und St. Mauritz inzwischen in die Stadt eingegliedert worden waren. 1960 galt immerhin von der Warendorfer Straße bis zum Kappenberger Damm freie Fahrt. Als der Endpunkt an der Hammer Straße erreicht war, hatte die Realität den einstigen Zweck der Strecke zunichte gemacht. Sie war den Anforderungen nicht mehr gewachsen. Wiederum begannen langjährige Planungen. 1994 konnte der Abschnitt vom Autobahnzubringer an der Weseler Straße bis zur Robert-Bosch-Straße fertiggestellt werden; später wurde er bis zur Kreuzung am Albersloher Weg fortgesetzt. Seit 2015 wird in Richtung Warendorfer Straße und zum Schiffahrter Damm weitergebaut.

Am 14. November 1968 wurden endlich die letzten 80 Kilometer der 215 Kilometer langen „Hansalinie" von Kamen nach Bremen freigegeben. Pläne hierzu gab es schon seit 1934; sie waren nie verwirklicht worden. Erst 1955 nahm man für den 92 Kilometer langen westfälischen Teil die Arbeit an den Entwürfen wieder auf. Der Bau begann 1961 von Kamen aus. Am 9. September 1965 war der Weg nach Münster frei. Als eine der letzten deutschen Großstädte erhielt die Westfalenmetropole Anschluss an das Autobahnnetz.

Großstadt mit Potenzial: **Münster liegt weit vorne**

Im Jahre 1966 überschritt Münster die Marke von 200.000 Einwohnern. So euphorisch dies Öffentlichkeit und Lokalpresse sahen, so sehr bereitete der fehlende Wohnraum große Sorge. Jährlich wurden nur zwischen 1.000 und 1.400 Wohnungen gebaut. Wollte die Stadt aber künftig attraktiv bleiben, dann musste sie dringend neue Stadtteile mit eigener Infrastruktur auf den Weg bringen. Der erste, damals Aasee-Vorstadt genannt, war bereits 1959 auf einem 76 Hektar umfassenden Gelände konzipiert worden. Dort sollten 6.000 bis 8.000 Menschen wohnen. 1967 kam das Einkaufszentrum hinzu. Städtebauer lobten die offen gestaltete Siedlung.

War die Aaseestadt überwiegend von zumeist kleineren Mehrfamilienhäusern und Eigenheimen geprägt, so sah sich die Verwaltung durch die steigende Bevölkerungszahl veranlasst, neue Viertel größer zu planen. Dazu gehörte als Erstes der zwischen 1963 und 1970 errichtete Stadtteil Coerde zwischen der Eisenbahnlinie nach Emden und dem Dortmund-Ems-Kanal. Die Grundsteinlegung fand am 6. November 1963 statt. In dem von der Landesregierung wegen des städtebaulichen Vorbildcharakters geförderten rund 65 Hektar großen Wohngebiet wurden bis 1970 fast 2.400 Wohnungen für 7.500 Einwohner erstellt, erstmals, wiederum bei aufgelockerter Bebauung, auch zwölfgeschossige Hochhäuser. Wie die Aaseestadt, so erhielt Coerde mit dem 1966 eröffneten Markt ein eigenes Geschäftszentrum.

Für die 1965 bekannt gewordenen Pläne, im Stadtteil Kinderhaus neuen Wohnraum zu schaffen, setzte man andere Maßstäbe an. Ursprünglich waren auf etwa 220 Hektar 14.000 Wohnungen für 35.000 Menschen vorgesehen. Am Ende beschränkte man sich auf insgesamt 6.000 für 15.000 Einwohner.

Der erste neue Stadtteil nach 1945 war die Aaseestadt. Sie war 1959 auf einem 76 Hektar großen Gelände auf den Weg gebracht worden. Drei imposante, 1962 fertiggestellte Hochhäuser kennzeichneten den wohnungspolitischen Aufbruch.

Im Gegensatz zu anderen Städten, die einfach seelenlose Wohnsilos in die Landschaft stellten, hatte Münster stets Wert auf eine lockere Bebauung gelegt. Im Falle von Kinderhaus war man davon aber etwas abgerückt. Letztlich wurden auf dem 39 Hektar großen Areal „Brüningheide" zwischen 1972 und 1978 nur rund 1.700 Wohneinheiten realisiert, verteilt auf 40 Prozent Eigenheime und 60 Prozent Mietwohnungen. Die seit 1980 kurzzeitig zu beobachtende Bevölkerungsabnahme führte dann zu einer Reduzierung der eigentlichen Gesamtplanung.

Am 3. November 1969 wurde schließlich der Grundstein für Münsters vierte Neubausiedlung Berg Fidel gelegt. Ursprünglich war vorgesehen, dort 600 Mitarbeiter-Wohnungen für ein AEG-Werk zu erstellen, das in der Nähe errichtet werden sollte. Die Rede war von 2.000 Arbeitsplätzen. Nachdem sich diese Pläne 1963 zerschlagen hatten, wandelte die Stadt das Vorhaben kurzerhand in ein Großprojekt des öffentlich geförderten

Wohnungsbaus um. Auf einer Fläche von 32 Hektar entstanden 1.230 Wohnungen, 70 Prozent mit staatlicher Förderung. Darüber hinaus wurden in anderen Stadtteilen umfangreiche Wohngebiete ausgewiesen, darunter das bei Weitem größte in Gievenbeck. Seit 1965 dehnte es sich kontinuierlich aus. Spätere Pläne, wegen der Universitätsnähe Wohnraum für ungefähr 30.000 Bewohner zu schaffen, wanderten 1980, wie schon im Fall von Kinderhaus, in die Schublade. Die langjährigen Anstrengungen der Stadt können sich sehen lassen. Im Juli 1981 war bereits die 100.000. Wohnung fertiggestellt und in Kinderhaus übergeben worden.

So stolz die Gesellschaft auf den Wiederaufbau und den frühen Wohlstand in der ausgehenden Nachkriegszeit war, die Verantwortung für das „Dritte Reich" konnte sie nicht so problemlos ausblenden. Vor dem münsterschen Landgericht hatten sich bis Ende der 1960er-Jahre Täter wegen massiver Verstrickung in das NS-System zu verantworten. Eines der längsten NS-Verfahren, der sogenannte „Stanislau-Prozess", endete nach zweijähriger Dauer im Mai 1968. Der Name bezog sich auf den Ort Stanislau in der heutigen Westukraine, in dem am 12. Oktober 1941 mehr als 10.000 jüdische Männer, Frauen und Kinder erschossen worden waren. Den 15 Angeklagten, darunter dem SS-Hauptsturmführer Hans Krüger, 1947 in Frankreich in Abwesenheit schon zum Tode verurteilt, warf die Anklage Mord und Beihilfe zum Mord an insgesamt 120.000 Juden und Vertretern der polnischen Intelligenz (Lehrer, Ärzte, Universitätsangehörige) in Ostgalizien vor. Der Prozess fand deshalb in Münster statt, weil Krüger damals in Lüdinghausen ansässig war. Er und zwei weitere Angeklagte wurden zu lebenslanger Haft verurteilt. 1986, zwei Jahre vor seinem Tod, kam er wieder frei.

Kaum weniger spektakulär war der Fall des 1936 in Münster zum Professor für Anatomie ernannten Johann Paul Kremer. Ende August 1942 war der SS-Reserveoffizier nach Auschwitz versetzt worden und dort bis Ende November geblieben. Mitte August 1945 verhafteten ihn die Briten in seinem Haus in der

Hittorfstraße. Sie fanden dort ein umfangreiches Tagebuch, eines der wichtigen Dokumente über die Abläufe in dem Konzentrationslager. Ende 1947 wurde Kremer in Polen wegen Beihilfe zum Mord zum Tode verurteilt, jedoch am Tag der Hinrichtung zu lebenslanger Haft begnadigt. 1958 kam er aus Gesundheitsgründen frei. Im November 1960 wartete noch ein Prozess in Münster auf ihn. Die Anklage lautete auf Beihilfe zum Mord in zwei Fällen. Kremer wurde zu zehn Jahren Zuchthaus und fünf Jahren Ehrverlust verurteilt. Die Strafe galt durch die Haft in Polen als verbüßt. Er starb 1965 in Münster.

Ein langer Schatten fiel auch auf den Mediziner Otmar Freiherr v. Verschuer. Einer der wichtigen Wegbereiter der NS-Rassenhygiene wusste über seinen Schüler, den KZ-Arzt Josef Mengele, und dessen Menschenversuche in Auschwitz, bestens Bescheid. Verschuer, von 1951 bis 1965 Ordinarius für Humangenetik in Münster, wurde mit Hilfe evangelischer Kreise 1946 lediglich als „Mitläufer" eingestuft, obwohl seine Rolle schon damals hinreichend bekannt war.

Wie sich Münster 25 Jahre nach Kriegsende weiter entwickeln sollte, wusste der im Mai 1971 vorgestellte „Stadtentwicklungsplan 2000". Er umriss den Raumbedarf bei erwarteten 324.000 Einwohnern einschließlich der Anforderungen an die Infrastruktur. Das Zahlenwerk war insofern von Belang, als die Landesregierung kurz zuvor bekannt gegeben hatte, zwischen Drensteinfurt und Sendenhorst einen Großflughafen mit je zwei Start- und Landebahnen von 2,5 und 4 Kilometern Länge zu bauen. Dass das Vorhaben eine Milliarde Mark verschlingen würde, war angesichts der Größenordnung von 2.000 Hektar vielleicht noch zu vertreten, aber wohl kaum die seinerzeit geäußerte Prognose von 40 Millionen Fluggästen im Jahr 2000. Dort sollten 25.000 Mitarbeiter beschäftigt werden. Vor den gewaltigen Investitionen schreckte Düsseldorf jedoch Anfang 1973 zurück. Außerdem hatte die britische Rheinarmee Einspruch erhoben, weil ihre Tiefflüge im Münsterland behindert würden. Am 27. Mai 1972 wurde immerhin der Flughafen Münster/Osnabrück eröffnet. Die Gesellschafter rechneten mit jährlich 500.000 Passagieren.

Schon zuvor war ein anderes Großprojekt in der Region vereitelt worden, von dem Münster auf Jahrzehnte profitiert hätte. 1967 war Drensteinfurt als einziger Kandidat für den Standort des Teilchenbeschleunigers der „Europäischen Organisation für Kernforschung", CERN, übrig geblieben. Der Ort hatte seine europäischen Konkurrenten hinter sich gelassen, nachdem bei Probebohrungen optimale Ergebnisse erzielt worden waren. Die günstige Verkehrslage, die Nähe zur Universität Münster und der Zugang zu großen Strom- und Wasserressourcen sprachen ebenso für Drensteinfurt. Die Baukosten beliefen sich auf rund zwei Milliarden Mark. Da aber England und Frankreich, neben der Bundesrepublik die wichtigsten Geldgeber, plötzlich ihre finanziellen Zusagen zurückzogen, scheiterte das Projekt. Es fand später in der Nähe von Genf seinen Platz und wartete mit sensationellen naturwissenschaftlichen Erkenntnissen auf.

Zu den damaligen Zukunftsplänen gehörte ebenfalls der Vorschlag, der Anfang 1974 von den „Vereinigten Elektrizitätswerken Westfalen" unterbreitet wurde: In den Rieselfeldern im Norden Münsters sollte ein Kernkraftwerk mit einer Leistung von 1.200 Megawatt errichtet werden. Es hätte von seiner Leistung her kaum den mittelgroßen deutschen Anlagen nachgestanden. Durch günstigen Strom sollte die Ansiedlung von Industriebetrieben in der Region gefördert werden. Die CDU-Ratsfraktion stand dem Ansinnen durchaus positiv gegenüber, und auch das Unternehmen beharrte trotz aufkommenden Protests lange auf seinen Plänen. Als Konzession wegen der Nähe zu Münster brachte man dann einen weiter nördlich gelegenen Standort ins Spiel. Die Landesregierung hielt davon nicht viel und stellte stattdessen 1974 das Gefilde unter Naturschutz.

Realisiert wurde dagegen als wichtigste Zukunftskonzeption die kommunale Gebietsreform. 1974, ein Jahr zuvor, lebten in der Stadt, wie seit 1966, rund 200.000 Menschen. Nach der Eingemeindung von Albachten, Amelsbüren, Angelmodde, Handorf, Hiltrup, Nienberge, Roxel, St. Mauritz und Wolbeck zählte man 262.000 Einwohner. In den neuen Vororten setzte ein intensiver Wohnungs- und Eigenheimbau ein. Vor allem junge Familien ließen sich dort nieder. Die Gebietsreform bescherte der Stadt den Zugewinn großer Flächen zur Ansiedlung von Gewerbe und Industrie. Mit knapp 303 Quadratkilometern war Münster nach Köln mit 405 Quadratkilometern die zweitgrößte Stadt Nordrhein-Westfalens geworden. Anfang 2016 zählte Münster über 300.000 Einwohner.

Die seit 1945 nahezu unveränderten, aus preußischer Zeit stammenden Verwaltungsstrukturen, die Münsters Rolle als „Schreibtisch" Westfalens eher noch bestätigt hatten, wurden Ende der 1960er-Jahre erstmals in Frage gestellt. Mal wollte der Bund, mal das Land Behörden schließen oder verlegen. Dabei geriet besonders der Regierungsbezirk in den Blick Düsseldorfs. Die Pläne hätten aber zugleich die Strukturen im westfälischen Landesteil auf den Kopf gestellt. Mal wäre Münster unter Verlust des Kreises Recklinghausen mit Detmold vereinigt worden, mal hätte es – noch selbstständig – Hamm und den Kreis Soest mit einer halben Million Einwohner als Ersatz erhalten sollen. Neben administrativer Verschlankung sollte vor allem die Verwaltungsstruktur im Ruhrgebiet vereinheitlicht werden. Kommunalpolitiker argwöhnten, ob die münstersche Regierung überhaupt noch eine Zukunft gehabt hätte. Hunderte Arbeitsplätze standen auf dem Spiel. Am 27. Oktober 1975 verurteilte der Rat die Pläne einstimmig. Auch die zuständige Gewerkschaft mobilisierte ihre Anhänger. Am 25. Januar 1977 gab die Landesregierung ihre Pläne auf. Oberbürgermeister Werner Pierchalla lud zu Freibier in die Bürgerhalle des Rathauses ein. In anderen Fällen war Münster allerdings kein Glück beschieden. Obwohl eine der größten Bundesbahndirektionen ihren Sitz in der Stadt hatte, wurde sie 1973/74 aufgelöst. Mit der Privatisierung der Bundespost endete Mitte 1999 ebenfalls die Geschichte der Oberpostdirektion.

Probleme anderer Art herrschten an der Universität. Sie war nach 1945 wieder rasch aufgebaut worden und rückte 1957 bereits zur fünftgrößten deutschen Hochschule nach München, Köln, Hamburg und Berlin auf, die Medizinische Fakultät 1970

Alltag an der Massenhochschule. 1974 wurden erstmals 25.000 Studenten registriert. Die Aufnahme vom April 1972 zeigt Studenten bei der jedes Semester fälligen Rückmeldung. Die Schlange reichte oftmals bis auf den Schlossplatz.

gar zur zweitgrößten nach München. 1949 zählte man 4.300 Studenten, 1964 schon 14.000 und zehn Jahre später 25.000, sogar 30.000 unter Einbeziehung der erst 1980 in die Universität integrierten Pädagogischen Hochschule und der 1971 gegründeten Fachhochschule. 1981 betrug allein die Anzahl der an der Universität immatrikulierten Studenten rund 40.000. Ende des Jahrhunderts waren es 45.000. Münster war inzwischen längst keine Landesuniversität mehr. Der Einzugsbereich umfasste auch jene Teile Niedersachsens, die nicht nach Hamburg oder Göttingen ausgerichtet waren. Auf einen solchen Ansturm war man nicht vorbereitet.

Mit den von der Landesregierung beschlossenen Investitionen Ende der 1960er-Jahre verbesserte sich die Lage spürbar. Schon zuvor waren bereits die Pläne für ein naturwissenschaftliches Zentrum in der Nähe des Orléans-Rings auf den Weg gebracht worden. 2017 sollen die in die Jahre gekommenen Gebäude ersetzt werden. Mitte 1971 wurde nach über achtjähriger, wiederholt unterbrochener Vorbereitungszeit mit dem Bau des Großklinikums begonnen, das an die Stelle der 1924/25 in Betrieb genommenen Krankenhäuser am Westring treten sollte. 1982/83 – sieben Jahre nach ursprünglicher Vorgabe –

Im Frühjahr 1971 begannen die Arbeiten für das Großklinikum, die bisher größte Investition der Universität nach dem Krieg. Der Plan, die Gebäude 1979 fertigzustellen, ließ sich indes nicht verwirklichen. Dies gelang erst 1982.

konnte der hochaufragende Gebäudekomplex in Betrieb genommen werden, obwohl darin längst nicht alle medizinischen Einrichtungen unterkamen. Das medizinische Zentrum stieg rasch zum bedeutendsten Klinikum der Großregion auf. Angesichts der immensen Kosten von 1,13 Milliarden Mark war aus Düsseldorf zu hören, dass man ein solches Projekt nicht noch einmal anstoßen würde. Ursprünglich ging man von 560 Millionen Mark aus. Zugleich hatte die Zahnklinik, schon damals eine der größten der Bundesrepublik, 1979 ein neues Gebäude erhalten. Die Universität ist einschließlich des rechtlich selbstständigen Universitätsklinikums mit rund 14.000 Mitarbeitern der größte Arbeitgeber der Stadt. Darüber hinaus etablierte sich Münster vermehrt als außeruniversitärer Forschungsstandort. 2001 nahm das Max-Planck-Institut für molekulare Biomedizin seine Arbeit auf und 2014 das Helmholtz-Institut für Batterieforschung.

Zu den bekanntesten Gelehrten des 20. Jahrhunderts gehörten die evangelischen Theologen Kurt Aland und Karl Barth, der Mathematiker Heinrich Behnke, der Philosoph Hans Blumenberg, der Rechtsmediziner Bernd Brinkmann, der Mediziner und Nobelpreisträger Gerhard Domagk, der Wirtschaftswissenschaftler Ernst Helmstädter, der Historiker

Von 1952 bis 1964 war der Rechtsanwalt und Notar Busso Peus Oberbürgermeister. Die Fotografie zeigt ihn am 14. Oktober 1956 nach der Domweihe mit dem Kölner Erzbischof Joseph Kardinal Frings bei der Überreichung einer Ansicht Münsters.

Klaus Hildebrand, der katholische Theologe und münstersche Bischof Joseph Höffner, der katholische Theologe und spätere Kardinal Walter Kasper, der Chemiker Wilhelm Klemm, der Mediziner Widukind Lenz, der Philosoph Hermann Lübbe, der Betriebswirt Heribert Meffert, der katholische Theologe Johann Baptist Metz, der Nationalökonom Alfred Müller-Armack, der Philosoph Josef Pieper, der katholische Theologe Karl Rahner, der Philosoph Joachim Ritter, der Soziologe Helmut Schelsky, der katholische Theologe und spätere Kardinal Hermann Volk, der Philosoph Peter Wust und natürlich Joseph Ratzinger, der nachmalige Papst Benedikt XVI.

Als Münster die Nachkriegszeit hinter sich gelassen hatte, trat in der CDU eine neue Politikergeneration an. Oberbürgermeister war seit Oktober 1964 der damals 39-jährige Albrecht Beckel. Er löste Busso Peus ab, der das Amt von 1952 bis 1964 innehatte. Beckel, Jurist im Kirchendienst und Direktor der Akademie

1964 wurde Albrecht Beck
neuer Oberbürgermeister
Er amtierte bis Oktober 19
Die Aufnahme zeigt ihn n
dem Vorsitzenden des Ver
der Kaufmannschaft, Arn
Holtmann, beim Kramerr
am 21. Januar 1970.

Franz-Hitze-Haus in Münster, stand bis Oktober 1972 an der Spitze der Stadt. Mit ihm kam die junge Garde in der CDU an die Macht. Auf Beckel folgte im Oktober 1972 Werner Pierchalla. Der aus Oberschlesien stammende Jurist, der in seiner Wahl ein Zeichen für die Integration der Vertriebenen in Münster erblickte, amtierte bis Oktober 1984 und wurde von Jörg Twenhöven abgelöst. Dieser war bis 1994 im Amt und trat im Jahr darauf die Nachfolge von Regierungspräsident Erwin Schleberger an. Im Oktober 1973 ersetzte Hermann Fechtrup den langjährigen Oberstadtdirektor Heinrich Austermann. Fechtrup, seit 1969 Oberkreisdirektor des Kreises Münster und versierter Verwaltungsfachmann, blieb bis März 1989 im Amt. Ihn löste der Gießener Regierungspräsident Tilman Pünder ab, Sohn des münsterschen Regierungspräsidenten von 1932/33 Hermann Pünder.

Die Kommunalpolitik wurde seit 1970 von zunehmenden Auseinandersetzungen unter den Parteien geprägt. Das hing nicht nur mit dem Einzug einer jüngeren Generation in den Rat zusammen, sondern auch mit dem gewachsenen politischen Selbstverständnis der Stadtverordneten aufgrund sich wandelnder Mehrheitsverhältnisse. Hatte die CDU 1975 und 1979 mehr

Sie regierten und repräsentierten Münster von 1972 bis 2009: von links Berthold Tillmann, Oberbürgermeister von 1999 bis 2009, Hermann Fechtrup, Oberstadtdirektor von 1973 bis 1989, Tilman Pünder, Oberstadtdirektor von 1989 bis 1997, Marion Tüns, Oberbürgermeisterin von 1994 bis 1999, Werner Pierchalla, Oberbürgermeister von 1972 bis 1984, und Jörg Twenhöven, Oberbürgermeister von 1984 bis 1994. Die symbolische Aufnahme stammt von 2012.

als 50 Prozent der Stimmen erreicht, so büßte sie 1984 und 1989 erheblich an Zustimmung ein und kam nur noch auf 46,1 bzw. 43,4 Prozent. Von den Verlusten der CDU konnte die SPD allerdings nicht profitieren, die zwischen 1969 und 1989 durchschnittlich 35 Prozent der Stimmen erhalten hatte, erheblich mehr als in den 1950er-Jahren. Die FDP blieb im Rahmen ihrer bisherigen Ergebnisse und errang in diesem Zeitraum zwischen sechs und neun Prozent.

Nutznießer der Veränderung war die Grüne Alternative Liste, die 1979, noch vor der Gründung ihrer Bundespartei, auf Anhieb sechs Prozent erzielte. 1984 konnte sie ihre Stimmenzahl gleich mehr als verdoppeln und errang 15,5 Prozent. Das Ergebnis sorgte bundesweit für Schlagzeilen. Ihre Fraktion schlug im Rat nun neue Töne an, vor allem aber setzte sie in Verkehrs- und Umweltfragen andere Schwerpunkte. Am

Seit 2009 steht Markus Lewe an der Spitze der Stadt. Die Aufnahme zeigt ihn mit dem König der Niederlande, Willem Alexander, aus Anlass der Feierlichkeiten zum 20-jährigen Bestehen des Deutsch-Niederländischen Korps am 27. August 2015.

Ende der Phase eines sich wandelnden kommunalpolitischen Anspruchs stand die Schwächung der Verwaltungs- zugunsten der Parteienherrschaft. Diese wurde von einer veränderten sozialen Zusammensetzung der Ratsfraktionen begleitet. Saßen im ersten Rat von 1946 noch 55,5 Prozent Selbstständige, so waren es 1989 nur 17,9 Prozent. In diesem Jahr belief sich die Anzahl der Beamten und Angestellten auf 62,6 Prozent; 1946 betrug ihre Anzahl lediglich 33,3 Prozent.

Paukenschlag 1994: Bei der Kommunalwahl büßten die bürgerlichen Parteien CDU und FDP mit 48,3 Prozent ihre Ratsmehrheit ein. Dabei hatte sich die CDU gegenüber der vorausgegangenen Wahl von 43,4 auf 44,1 Prozent noch steigern können, die FDP war hingegen von 8,3 auf 4,2 Prozent zurückgefallen und damit an der „Fünf-Prozent-Klausel" gescheitert. Als neue Oberbürgermeisterin trat Marion Tüns, SPD, gestützt auf 32,7 Prozent SPD und 16,7 Prozent Grüne, die Nachfolge Jörg Twenhövens an. Mit der Abschaffung der Doppelspitze und der

Einführung der neuen Gemeindeverfassung im September 1997 rückte sie zum ersten berufsmäßigen Stadtoberhaupt auf, unterlag jedoch bei der folgenden Wahl im September 1999 Berthold Tillmann; er errang für die CDU außergewöhnliche 57,5 Prozent der Stimmen. Tillmann blieb bis 2009 Oberbürgermeister. Ihn löste sein Parteifreund Markus Lewe ab. 49,5 Prozent gaben ihm ihre Stimme. 2015 wurde er mit 50,6 Prozent wiedergewählt.

Nach dem sensationellen Sieg der CDU bei den Kommunalwahlen im September 1999 mit 54 Prozent schien eine Steigerung kaum noch möglich. Als die CDU am Abend des 26. September 2004 bei 42,7 Prozent landete, war die Ernüchterung allenthalben. Mit knappen 50,6 Prozent stellten fortan CDU und FDP die Ratsmehrheit. Oberbürgermeister Berthold Tillmann hatte mit 49,8 Prozent gegenüber seinem früheren Wahlsieg ebenso Federn lassen müssen und setzte sich erst in der Stichwahl gegen den SPD-Bundestagsabgeordneten Christoph Strässer durch. Die Zeiten sicherer konservativ-bürgerlicher Mehrheiten gehörten endgültig der Vergangenheit an. Längst war den „Grünen" der Einbruch in das bürgerliche Lager selbst geglückt, wie es Ergebnisse in gut situierten Wahlkreisen offenbarten. 2004 erzielten sie fast 20 Prozent. Unangefochten dominierte die CDU nur noch in den ehemaligen Landgemeinden.

Der Trend setzte sich bei den folgenden Wahlen fort. 2009 erreichte die CDU lediglich 39,2 Prozent, die SPD kam auf 25 Prozent, die Grünen erreichten 19,4 Prozent, die FDP lag bei neun und die Linke bei 3,3 Prozent. Dazu zogen nach der Aufhebung der Fünf-Prozent-Klausel bei Kommunalwahlen noch drei weitere kleinere Parteien in den Rat ein. Die Aufsplitterung der Stimmen setzte sich 2014 fort. Kein politisches Bündnis im 73 Mitglieder zählenden Rat erlangte die absolute Mehrheit. CDU und FDP, einst Koalitionspartner, vereinigten auf sich nur noch 29 Sitze. SPD und Grüne kamen mit 47,1 Prozent der Stimmen auf 33 Mandate. Wie sehr der politische Wandel die Stadt erfasst hatte, zeigte sich auch bei den Bundestagswahlen 2002 und 2005. Christoph Strässer, SPD, gewann das Direktmandat, das bisher immer eine sichere CDU-Domäne gewesen war. Der letz-

Bundestagswahlkampf 1976: Bundeskanzler Helmut Schmidt spricht am 3. September in der Halle Münsterland. Neben ihm sind die SPD-Bundestagsabgeordneten Karl-Heinz Walkhoff, Mitte, und Helmuth Becker (-Nienberge) zu sehen.

te konfessionell ungebundene Kandidat, dem dieses Kunststück bei freien Wahlen gelang, war 1866 der gebürtige Münsteraner Benedikt Waldeck von der linksliberalen preußischen Fortschrittspartei gewesen. 2009 und 2013 ging das Mandat wieder an die CDU. Grundsätzlich lässt sich sagen, dass die SPD vor allem bei den Bundestagswahlen seit 1969 aus dem Schatten früherer Tage heraustrat. Dazu hatte vor allem der weithin angesehene Bundeskanzler Helmut Schmidt beigetragen.

In wirtschaftlicher Hinsicht vollzog sich seit 1970 ein merklicher Aufschwung. 1954/55 ausgewiesene Gewerbeflächen, etwa an der Weseler Straße, wo sich als Erstes das Autohaus „Bernard Knubel" niederließ, hatten 25 Jahre später längst ihre Kapazitätsgrenze erreicht, und auch im Großbereich von Siemensstraße, Robert-Bosch-Straße und Höltenweg wurde es bald eng. Weitere Flächen standen zu dieser Zeit in Amelsbüren, Kinderhaus, Hiltrup und Roxel zur Verfügung. Seit 1980 kamen die Gewerbegebiete an der Hansalinie, im Zentrum Nord, an der

Kleimannbrücke, an der Coermühle und am Hessenweg hinzu. Dazu siedelte man vermehrt Gewerbe in Vororten an, darunter in Nienberge, Roxel und Wolbeck. Mangel an geeigneten Flächen herrschte dagegen nach wie vor. Grundstücke, zumal nach dem schrittweise vorgenommenen Abzug der Briten seit 1990, zuerst auf der Loddenheide, gab es zwar plötzlich reichlich, aber nur für den ohnehin omnipräsenten Groß-, Außen- und Einzelhandel sowie für Handwerksbetriebe, nicht jedoch für industrielle Zwecke. Das Areal entwickelte sich zu einem der größten Gewerbegebiete der Stadt. Daneben entstanden neue Formen der Firmenansiedlung, etwa der Technologiepark am Johann-Krane-Weg.

Anfang der 1980er-Jahre zählte Münster etwa 140 industrielle Unternehmen, rund 2.700 Handelsfirmen und ungefähr 1.500 Handwerksbetriebe. Insgesamt führte die Statistik 103.000 Beschäftigte auf. In kaum einer anderen deutschen Stadt dominierte der Mittelstand so sehr wie in Münster. Trotz offensiver und recht erfolgreicher Gewerbepolitik und der zunehmenden Anzahl der Sozialversicherungspflichtigen konnte sich Münster damals dem negativen Trend auf dem Arbeitsmarkt nicht entziehen. Betrug die Arbeitslosigkeit von 1975 bis 1980 zwischen 3,3 und 5,2 Prozent, so stieg sie bis 1988 auf 12,2 Prozent an und lag damit sogar kurzzeitig über dem Landesdurchschnitt. Ein Viertel der Erwerbslosen waren Absolventen der Universität. Substanzielle Krisen, wie sie Großstädte im Ruhrgebiet wiederholt durchmachten, blieben Münster allerdings erspart, wie auch schon in früheren Jahrzehnten.

Die Industrie hatte inzwischen Münsters Namen in die Welt getragen. So gehört zum Imperium der „BASF" das ehemalige „Glasurit-Werk", schon vor Jahrzehnten – damals noch eigenständig – der größte Lack- und Farbenhersteller Europas. Alle bedeutenden Automobilhersteller verwenden Produkte der „BASF Coatings GmbH". Das Unternehmen beschäftigt in Hiltrup mehr als 2.000 Mitarbeiter. Ein anderer weithin bekannter Vertreter dieser Branche ist die „Brillux GmbH & Co. KG"; sie zählt im Gesamtunternehmen gleichfalls mehr als

2.000 Angestellte. Zu den weltweit aktiven Unternehmen gehören ferner der Hersteller flexibler Dämmstoffe „Armacell“, der Baustoffkonzern „Armstrong“, der Produzent von Filter-Systemen „Hengst SE & Co. KG“, der Hersteller von Schließanlagen und Fensterbeschlägen „Aug. Winkhaus GmbH & Co. KG“ sowie das Energieunternehmen „Westfalen AG“. Lag der Gesamtumsatz der münsterschen Industrie 1963 bei 390 Millionen Mark, so war er 20 Jahre später auf 2,1 Milliarden angestiegen. Die Exportquote betrug 1983 etwa 26 Prozent. 2014 belief sich der Gesamtumsatz von 36 Betrieben mit über 50 Beschäftigten auf rund 2,6 Milliarden Euro, von denen 43 Prozent aus dem Export resultierten.

Immer wieder sorgten auch Handelsunternehmen für Schlagzeilen, darunter schon sehr früh vor allem die „RATIO Handel GmbH & Co. KG“ des Kaufmanns Egbert Snoek. Der Inhaber zahlreicher Märkte hatte mit seinen 1952 eingeführten Rationalisierungsmaßnahmen die gesamte Branche revolutioniert. Schon 1970 überschritt die „Ratio-Gruppe“ die Schwelle von einer Milliarde Mark Umsatz.

Herausragendstes deutsches Unternehmen im Agrarhandel und zweitgrößtes in Europa ist die „Agravis Raiffeisen AG“ mit Sitz in Münster und Hannover. Sie entstand im Oktober 2004 durch den Zusammenschluss der „Raiffeisen Central-Genossenschaft Nordwest eG“ in Münster und der „Raiffeisen Hauptgenossenschaft Nord AG“ in Hannover. Das Unternehmen mit seinen über 6.000 Mitarbeitern erwirtschaftet einen Umsatz von mehr als sieben Milliarden Euro. Zu den weithin bekannten Firmen gehört auch die 1963 gegründete „GAD“, die „Gesellschaft für automatische Datenverarbeitung“. Der IT-Dienstleister der Volks- bzw. Raiffeisenbanken fusionierte 2015 mit der in Karlsruhe ansässigen „Fiducia“ zur „Fiducia&GAD IT“.

Zudem machte Münster in sportlicher Hinsicht von sich reden. Neben dem Fußballverein SC Preußen Münster, der es 1951 immerhin zur deutschen Vizemeisterschaft brachte und 1963 zu den Gründungsmitgliedern der Bundesliga

Nach der Eröffnung des Allwetterzoos Anfang Mai 1974 brach auf der Sentruper Höhe das Verkehrschaos aus. Annähernd 50.000 Besucher zählte man bei der Eröffnung. Ende August waren es schon eine Million Besucher.

gehörte – aber sogleich wieder abstieg –, begründeten vor allem Volleyballer und Leichtathleten den Ruf der Stadt. Die Sportart mit den bekanntesten Namen waren allerdings Reiter, allen voran der Dressurreiter Reiner Klimke, der erfolgreichste Pferdesportler des 20. Jahrhunderts. Er gewann sechs olympische Goldmedaillen und hatte außerdem maßgeblichen Anteil an der international überragenden Stellung des deutschen Dressursports.

Daneben wartete die Stadt mit anderen Attraktionen auf, darunter mit einem Zoo, den selbst manche Metropole nicht vorzuweisen hatte. Im April 1967 hatte der Rat beschlossen, ein Areal von 36 Hektar südlich der Sentruper Straße zu kaufen. Der bisherige Standort an der Himmelreichallee war schon lange zu klein, besaß keine Ausdehnungsmöglichkeiten, und die Konzeption war veraltet. Zugleich wurde der „Landesbank für Westfalen Girozentrale" – sie fusionierte zwei Jahre später mit der „Rheinischen Girozentrale und Provinzialbank" zur „Westdeutschen Landesbank" – angeboten, einen Teil des al-

Zu den Attraktionen gehörte fraglos das Mühlenhofmuseum auf der Sentruper Höhe. Im August 1961 wurde dort eine im Emsland erworbene Bockwindmühle in Betrieb genommen. In späteren Jahren kamen weitere Gebäude hinzu.

ten Zoos für ihren Neubau zu erwerben. Oberstadtdirektor Austermann wollte damit deren Umzug nach Dortmund verhindern. Entgegen der Planung zog aber nicht das Geldinstitut, sondern die Landesbausparkasse mit etwa 1.000 Mitarbeitern dort ein.

Der neue Zoo öffnete Anfang Mai 1974 seine Pforten und entwickelte sich rasch zu einem Publikumsmagneten. 1976, nach der Erweiterung des Aasees auf 40 Hektar, war der Allwetterzoo auch per Schiff erreichbar. Sechs Jahre später wurde daneben das einst an der Himmelreichallee gelegene Naturhistorische Museum eröffnet, das gleichfalls rasch überregionale Beachtung erlangte. Außerdem zog das im Zoo gelegene Westfälische Pferdemuseum zahlreiche Besucher an. Auf der Sentruper Höhe befand sich mit dem Mühlenhofmuseum noch eine weitere Attraktion. Es startete im August 1961 mit der Inbetriebnahme einer im Emsland erworbenen Bockwindmühle. Die Idee hatte der einfallsreiche Verkehrsdirektor Theo Breider. Später ka-

Für Aufsehen sorgte die 1977 erstmals veranstaltete Skulpturenausstellung. Das Ereignis zog Zehntausende Interessierte an. Zu den meistdiskutierten Objekten gehörten die „Giant Pool Balls“ des Amerikaners Claes Oldenburg am Aasee.

men verschiedene bäuerliche Kulturgüter hinzu, die an alter Stelle abgebaut und dort originalgetreu wiedererrichtet wurden. Dazu zählen vor allem das Mühlenhaus und der Nienberger Gräftenhof Schulze Osterhoff.

Die Rückbesinnung auf das westfälische Erbe Münsters, im ersten Nachkriegsjahrzehnt noch sehr präsent, nahm seit den 1970er-Jahren ab. Selbst mit der modernen Kunst hatten sich Teile der Bevölkerung inzwischen ausgesöhnt. Ergoss sich 1974/75 anlässlich der Aufstellung der Skulptur „Drei rotierende Quadrate“ des amerikanischen Künstlers George Rickey in der Engelenschanze eine wahre Protestflut an Schmähschriften an die Lokalpresse, so veränderte sich die Einstellung in der Folgezeit. Bei den für internationale Furore sorgenden Skulpturenausstellungen – die erste und wohl spektakulärste fand

1977 statt – standen plötzlich sogar jene Münsteraner manchen Werken positiv gegenüber, die sich mit moderner Kunst sonst nicht beschäftigten. Dazu zählten vor allem Claes Oldenburgs drei riesige Billard-Kugeln „Giant Pool Balls“ am Aasee. Das im Rhythmus von zehn Jahren stattfindende Ereignis, das die Stadt stets in den Mittelpunkt der internationalen Kunstwelt rückte, zog immer mehrere Hunderttausend Besucher an.

Als der modernen Kunst zugewandte Stadt sollte Münster im Gespräch bleiben. Mit Hilfe der Westdeutschen Landesbank und des Sparkassenverbands Westfalen-Lippe gelang 1997 der sensationelle Erwerb von 750 Lithografien Pablo Picassos. Um die einzigartige Kollektion des Kunstsammlers Gert Huizinga zu präsentieren, stellte die Sparkasse Münster den in ihrem Besitz befindlichen Druffelschen Hof in der Königsstraße zur Verfügung. In das Museum integrierte man zudem den nebenan liegenden Hensenschen Hof. Das „Graphikmuseum Pablo Picasso Münster“ mit einer Ausstellungsfläche von 600 Quadratmetern öffnete im September 2000 seine Pforten und entwickelte sich sogleich zum Publikumsmagneten. Auf Vorschlag eines Enkels des Künstlers heißt das Haus seit 2010 „Kunstmuseum Pablo Picasso Münster“.

Zu einem weiteren Anziehungspunkt entwickelte sich das im Sommer 1989 eröffnete Stadtmuseum im ehemaligen Karstadt-Möbelhaus in der Salzstraße. Dort konnte nun zum ersten Mal der reiche städtische Kunstbesitz in einer imposanten Dauerausstellung präsentiert werden. Daneben hatte man die Verlegung eines renommierten Hauses zu verkraften. 2001 brach das an der Rothenburg gelegene Archäologiemuseum – 1934 als eigenes Landesmuseum etabliert – seine Zelte ab und bezog zwei Jahre später einen Neubau in Herne. Regierungspräsident Erwin Schleberger sah darin eine deutliche Schwächung der kulturellen Vormachtstellung Münsters in Westfalen. Als Ausgleich gab es neue Glanzpunkte. Im Dezember 1999 wurde die 1924 von dem Zementfabrikanten und Zentrumspolitiker Rudolf ten Hompel errichtete Villa am Kaiser-Wilhelm-Ring als praxisnaher Lernort zur differenzierten Geschichte der NS-Zeit eröffnet.

Von 1940 bis 1944 hatte dort der Befehlshaber der berüchtigten Ordnungspolizei im Wehrkreis VI seinen Sitz. Die in Reihen der CDU umstrittene Bildungseinrichtung zog sogleich bundesweit Beachtung auf sich, weil sie sich mit bisher vernachlässigten Seiten nationalsozialistischer Unterdrückungsmaßnahmen beschäftigte.

Münsters kulturelle Ausstrahlung hätte durchaus eine Steigerung vertragen, doch dazu sollte es trotz guter Startvoraussetzungen nicht kommen. Weder der lange diskutierte Bau einer Musikhalle noch ein vorübergehend ins Gespräch gebrachtes Museum für Gegenwartskunst wurden realisiert. Schnell war als Standort der Abschnitt des Hindenburgplatzes gegenüber dem Landgericht ausgemacht. Ende 2006 war das Kulturforum aber schon längst aus der öffentlichen Diskussion verschwunden. Der Landschaftsverband hatte sich aus dem Projekt zurückgezogen, um sich stattdessen seinem in die Jahre gekommenen Landesmuseum am Domplatz zu widmen.

Größere Chancen auf Realisierung hatte dagegen die Kongresshalle, die zudem als Musikhalle genutzt werden sollte. Darüber diskutierte man schon seit Jahrzehnten. Früher hieß das Projekt Stadthalle. Da die Verwaltung 1952/53 unmissverständlich der Errichtung eines neuen Theaters den Vorrang gegeben hatte, blieb der Bau, von der Kommunalpolitik hin und wieder aus der Schublade geholt, auf der Strecke. 2006 rückte die Musikhalle aufs Neue als beherrschendes kommunales Thema in den Vordergrund. Ministerpräsident Jürgen Rüttgers hatte die Diskussion kurz vor der Entscheidung noch dadurch befeuert, dass er Anfang 2008 der Stadt den Hindenburgplatz zum Geschenk machen wollte, der dem Land gehörte. Er verlangte aber als Vorbedingung den Bau einer Kultur- und Kongresshalle. Außerdem sollte der gesamte Platz mit seinen fast 40 Hektar umgestaltet werden. Angesichts der Kosten, die für das Kulturprojekt auf die Stadt zukamen, hatte sich seit Längerem Widerstand geregt. Die Sache lief schließlich auf einen Bürgerentscheid zu. Fast 71 Prozent der Bürger lehnten das Vorhaben im April 2008 ab. Die Wahlbeteiligung lag bei vergleichsweise hohen 45 Prozent. Selbst der Hindenburgplatz ist dem Namen nach längst Geschichte. Seit Mitte September 2012 heißt er Schlossplatz. Ein Bürgerbegehren hatte dies veranlasst.

Auch der Plan, in den Kreis der Kulturhauptstädte Europas aufzurücken, kam schon bei der Vorentscheidung 2004 zu Fall. Dabei war die Zuversicht groß, hatte man es doch mit so vermeintlichen Leichtgewichten wie der Region Essen zu tun, die später tatsächlich als deutscher Kandidat für 2010 gekürt wurde. Mehr als ein kleiner Trost folgte wenig später: Im Oktober 2004 erhielt Münster den „LivCom-Award“. Der Preis zeichnete es als die weltweit lebenswerteste Stadt in der Kategorie zwischen 200.000 und 750.000 Einwohnern aus. Darin spiegelte sich zum Teil auch der architektonische Aufbruch der letzten 25 Jahre wider. Die Stadt hat vielerorts ihr Nachkriegskleid abgelegt und die letzten Spuren der Zerstörung beseitigt. Dazu gehörte die Bebauung der jahrzehntelang als Parkplätze genutzten großen Freiflächen.

Den Anfang machte 1976 der Aegidiimarkt. Das Gelände mit einer Größe von beträchtlichen 5.000 Quadratmetern, auf dem bis zur Zerstörung im Zweiten Weltkrieg die Infanteriekaserne stand, hatte die Stadt 1955 vom Bund erworben. Was die Planer des unterirdischen Parkhauses mit fast 800 Stellplätzen übersahen, waren die dramatischen Folgen der Grundwasserabsenkung. Zahlreiche Gebäude der Altstadt wiesen danach gravierende Schäden auf. Es kam zu langwierigen Gerichtsverfahren. Das Parkhaus ging im März 1978 in Betrieb, und im Herbst des folgenden Jahres folgte der Aegidiimarkt mit Geschäften und Wohnungen. 1984 nahm die Stadt das Projekt „Tibusparkplatz“ in Theaternähe in Angriff. Auch dort verursachten Grundwasserprobleme Verzögerungen. 1986 wurde die Tiefgarage eröffnet. Auf dem oberirdischen Areal entstand eine Seniorenresidenz.

1993 wurde auf dem Parkplatz „Asche“ neben dem Krameramtshaus die Stadtbücherei nach Plänen von Julia Bolles-Wilson und Peter Wilson eröffnet. 2007 begann schließlich, nach langer Diskussion über die Nutzung, die Bebauung des Parkplatzes „Stubengasse“. Zeitweise war daran gedacht wor-

2001 war der Weg für die größte innerstädtische Baumaßnahme seit Jahrzehnten frei. Auf dem Gelände zwischen Rothenburg, Ludgeri- bzw. Königsstraße und Hötteweg entstand ab 2002 ein neues Geschäftszentrum mit den „Münster Arkaden" als Mittelpunkt.

den, dort die Musik- und Kongresshalle zu errichten. Auf dem gegenüberliegenden Grundstück fand nach dem Abriss des früheren Landesamts für Agrarordnung nahezu zeitgleich das architektonisch gleichfalls ansprechende Hansecarré seinen Platz. Ein gänzlich neues Aussehen erhielten 2013 ebenfalls Teile des Alten Fischmarkts. Die markanteste Neuerung hatte sich aber im Bereich zwischen Ludgeristraße, Rothenburg und Königsstraße abgespielt. Mit dem Umzug der Zentrale der Sparkasse Münsterland Ost an die Weseler Straße 2001 war der Weg für das größte innerstädtische Vorhaben seit Jahrzehnten frei. Im Mai 2005 wurde der erste Abschnitt der Münster-Arkaden vollendet. Dem optisch ansprechenden und attraktiven Einkaufszentrum mit seinen zunächst 23 Geschäften auf 14.000 Quadratmetern bescheinigten Kenner sogleich „Weltstadtniveau". Im Oktober 2006 war der zweite Abschnitt fertig.

Epochenvielfalt im Schatten der Überwasserkirche. 2005, rechtzeitig zum 1200-jährigen Bestehen des Bistums, wurde die neue Diözesanbibliothek eingeweiht. Bei Grabungen zuvor waren Archäologen auf Spuren Mimigernafords gestoßen.

Einen architektonischen Glanzpunkt setzte auch der Landschaftsverband Westfalen-Lippe mit seinem 2014 eröffneten LWL-Museum für Kunst und Kultur am Domplatz. Stil und Ausstrahlung des Hauses nach Plänen des Berliner Architekten Volker Staab stießen auf breite Akzeptanz. Verbunden mit dem Altbau von 1908 steht eine Ausstellungsfläche von 7.500 Quadratmetern zur Verfügung. Der Vorgängerbau von 1972 wäre für eine Erneuerung bereits zu marode gewesen. Das Bistum trat ebenfalls als Bauherr in Erscheinung. 2004/05 ließ es eine neue Bibliothek errichten. Das Ende 2005 nach Plänen des Schweizer Architekten Max Dudler gestaltete Gebäude, in dem fortan Platz für rund eine Million Bücher und Zeitschriften war, setzte einen markanten architektonischen Akzent in der Altstadt.

Die städtebauliche Erneuerung erfasste zudem Bereiche fern des Zentrums. Der Hafen hatte Ende der 1990er-Jahre ausgedient. In den historischen Lagerhallen entwickelte sich seither der Kreativ-Kai. Künstler und Firmen, dazu das Wolfgang-Borchert-Theater und jede Menge Gastronomie verliehen der bisher unattraktiven Gegend ein neues Gesicht. Mit dem Ende 2015 vom Rat gegen massiven Widerstand aus Reihen des umliegenden Einzelhandels und der Anwohner beschlossenen Bau des Hafen-Centers auf dem früheren Postgelände und der Liegenschaft einer Holzgroßhandlung schritt die Veränderung des Viertels weiter fort. 2007 wurden bereits die Weichen für ein weiteres Großprojekt gestellt, obwohl die Signale lange auf Rot standen. Münster sollte endlich einen neuen Bahnhof bekommen. Die Vorbereitungen begannen im Sommer 2014, und im Dezember rückten die Bagger zum Abriss an. 2017 sollen die Bauarbeiten beendet sein.

Zu dem veränderten Stadtbild gesellte sich Ende des 20. Jahrhunderts ein gravierender Wandel im Geschäftsleben. Alteingesessene, familiengeführte Unternehmen, oft seit Generationen in der Innenstadt präsent, wurden von den „Filialisten" verdrängt. Nach Münster hatte sie die hohe Kaufkraft gelockt. Für einen besonderen Paukenschlag sorgte dabei im Mai 1988 die Schließung des traditionsreichen „Café Schucan". Ursprünglich sollte in die Räume ein Geschäft der in Hagen ansässigen „Douglas-Holding" einziehen. Es ehrte zwar die neuen Eigentümer, dass sie sich nach vielstimmigen Protesten im März 1989 doch noch bereit erklärten, das „Schucan" von der dem Konzern gehörenden „Confiserie Feller" weiterführen zu lassen, unter dem Strich aber war es ein Neubeginn auf wackeligen Beinen. Nach acht Jahren war endgültig Schluss. Die Stadt hatte eine Attraktion verloren. 2016 schloss auch das gleichfalls am Prinzipalmarkt gelegene Café Kleimann.

Das alles überragende Ereignis, die Feierlichkeiten aus Anlass des 350. Jahrestags des Westfälischen Friedens, beherrschte das ausgehende Jahrhundert. Den Höhepunkt bildete der Besuch von 20 europäischen Staatsoberhäuptern am 24. Oktober 1998 in Osnabrück und in Münster; sie hatten die Einladung von Bundespräsident Roman Herzog angenommen. Damit sei bei den Vorbereitungen nicht zu rechnen gewesen, hieß es bei den Organisatoren. Tatsächlich waren seit dem Wiener Kongress 1815 nie mehr so viele Monarchen und Präsidenten zusammengetroffen wie an jenem Tag. Noch nie zuvor hatte selbst das Landesmuseum so viele, so teure und so einzigartige Kunstwerke von Weltrang in Münster versammelt, wie es damals geschah, um das europäische Ereignis von 1648 zu präsentieren.

Das 1200-jährige Bestehen der Stadt, das 1993 mit großem Aufwand gefeiert wurde, hatte einmal mehr verdeutlicht, dass

An den Feierlichkeiten zum 350. Jahrestag des Westfälischen Friedens am 24. Oktober 1998 nahmen 20 europäische Staatsoberhäupter teil. In der unteren Reihe erkennt man, von rechts, den italienischen Staatspräsidenten Oscar Luigi Scalfaro, Königin Beatrix der Niederlande, die dänische Königin Margrethe II. und ihren Ehemann Prinz Henrik sowie Oberbürgermeisterin Marion Tüns mit Amtskette. Ganz links sind Joséphine Charlotte Großherzogin v. Luxemburg und ihr Ehemann Großherzog Jean, Königin Paola v. Belgien, Königin Sonja v. Norwegen, ihr Ehemann König Harald V. sowie das schwedische Königspaar Silvia und Carl XVI. Gustaf zu sehen.

sich ihre Geschichte in weiten Teilen mit der der katholischen Kirche deckte. Das kam gerade in der Ära Bischof Galens von 1933 bis 1946 prägnant zum Ausdruck. Dessen Nachfolger wurde im Oktober 1947 der seelsorgerisch ausgerichtete frühere Regens des Osnabrücker Priesterseminars, Michael Keller. Er erwarb sich große Verdienste um die Linderung der Not im Bistum. 1953 rief er die „Akademie Franz-Hitze-Haus" ins Leben. Nach seinem plötzlichen Tod im November 1961 trat der an der Universität lehrende Professor für Christliche Sozialwissenschaften Joseph Höffner im September 1962 die Nachfolge an. Anfang 1969 wurde er Erzbischof von Köln. Im Juli 1969 wählte das Domkapitel den seit 1958 amtierenden Weihbischof Heinrich Tenhumberg zum neuen Bischof; er starb 1979. Auf ihn folgte Reinhard Lettmann, zuvor ebenfalls münsterscher Weihbischof. Er amtierte bis März 2008, so lange wie keiner seiner Vorgänger im 20. Jahrhundert. Im Dezember 2008 wurde der bisherige Bischof von Essen, Felix Genn, nach Münster berufen.

Der gesellschaftliche Wandel seit Kriegsende, der sich über mehrere Generationen hinzog, machte auch vor der Kirche von Münster nicht halt. 1950 waren fast 73 Prozent, 1959 rund 69 Prozent und 1989 immerhin noch annähernd 65 Prozent der Einwohner Katholiken. Den Verlust an Religiosität im Alltag konnten selbst verschiedene Großereignisse nicht aufhalten. 1987 stand Münster im Zeichen des Papstbesuchs. Die Visite Johannes Pauls II. geriet zu einem wahrhaft historischen Ereignis. Erstmals weilte ein Papst im Bistum. Mit Tausenden Gläubigen feierte er einen Vespergottesdienst, zunächst auf dem Hindenburgplatz, dann auf dem Domplatz. Anschließend sprach er im Dom mit alten und kranken Menschen und betete am Grab des Kardinals v. Galen. Sein Nachfolger Benedikt XVI., von 1963 bis 1966 Professor für Dogmatik in Münster, sprach diesen 2005 selig. 2001 war bereits die münstersche Clemensschwester Maria Euthymia zur Ehre der Altäre erhoben worden. 2005 wurde schließlich der Gründung des Bistums vor 1.200 Jahren gedacht. In die Feierlichkeiten waren alle Gemeinden der von der Nordsee bis zum Niederrhein reichenden Diözese eingebunden. Im Juli strömten über 200.000 Gläubige zum Bistumstag nach Münster. 2014 erinnerte das Bistum noch an den 750. Jahrestag der Weihe des Doms.

Rückgang der Gottesdienstbesucher, Priestermangel sowie zunehmende Säkularisierung der Gesellschaft führten zu Beginn des 21. Jahrhunderts zu tiefgreifenden Veränderungen. Gemeindefusionen, gegen die es heftigen Widerstand gab, wurden als alternativlos dargestellt. Hart traf es dabei besonders jene Sprengel, die erst zu Zeiten Bischof Kellers durch die Teilung von Gemeinden gegründet worden waren. Aus 23 entstanden damals 42. Demgegenüber wuchs aber über Jahre die soziale Verantwortung der Kirche. In ihrer Trägerschaft bzw. derjenigen der Rechtsnachfolger befinden sich allein fünf

Am 19. Mai 1958 ernannte Papst Pius XII. den Generalvikar des Bistums Münster, Heinrich Tenhumberg, zum Weihbischof. Links neben ihm ist Bischof Michael Keller zu sehen. Tenhumberg stand von 1969 bis 1979 an der Spitze der Diözese.

Krankenhäuser – Münster ist die einzige deutsche Großstadt, in der es kein städtisches Hospital gibt –, dazu 19 Altenheime und 48 Kindergärten, ferner drei Gymnasien, eine Förderschule, eine Gesamtschule, ein Weiterbildungskolleg, ein Berufskolleg sowie eine Fachhochschule. 1971 übernahm die Stadt erstmals einen Kindergarten in eigener Regie. Die Kirche ist einer der größten Arbeitgeber der Stadt.

Abseits aller selbst- oder fremdbestimmten Entwicklungen in Politik, Wirtschaft und Gesellschaft sah sich Münster auch solchen Wandlungen ausgesetzt, die früher niemand auf der Rechnung hatte. War die Stadt bei verschiedenen Unwettern noch einigermaßen glimpflich davongekommen – schon im November 1972 hatte ein Orkan schwere Zerstörungen hervorgerufen –, so häuften sich seit der Jahrtausendwende die Unbilden. Davon wurde auch das Erscheinungsbild betroffen. Ganze Baumreihen in der Promenade hielten Stürmen nicht stand. Den bisherigen

Der Nachfolger des Petrus kommt zum Nachfolger des Ludgerus, um Euch im Glauben zu stärken", verkündete Papst Johannes Paul II. am 1. Mai 1987 in Münster. Die Visite des Heiligen Vaters hatte in der Tat historische Dimensionen. Rechts neben ihm ist Bischof Reinhard Lettmann zu sehen.

Höhepunkt an ungewöhnlichen Naturereignissen bildete das infolge stundenlangen Starkregens ausgelöste Hochwasser am 28. Juli 2014. Davon war flächendeckend fast die gesamte Stadt erfasst worden. Unglaubliche Szenen spielten sich ab und hinterließen Bilder, die man nur aus anderen Regionen kannte. Viele Einwohner hatten ihre Existenz verloren. Danach setzte eine nicht für möglich gehaltene Welle der Hilfsbereitschaft ein, aber der Verlust persönlicher Erinnerungen belastete die Menschen über Gebühr. Was die Betroffenen in den dramatischen Tagen tief beeindruckte, war der nachhaltig persönliche Einsatz vieler Münsteraner und Neubürger – ein Akt großer Solidarität, der viel über diese Stadt und ihre Gesellschaft sagt. Das war schon früher der Fall, als verschiedene Hilfsaktionen für Osteuropa auf den Weg gebracht wurden. 2016 lebten über 4.000 Flüchtlinge, vorwiegend aus Syrien, in der Stadt. Sie wissen sich ebenfalls der Unterstützung und der Solidarität weiter Kreise sicher.

Bildnachweis in der Reihenfolge der Darstellungen, Seitenangaben jeweils kursiv in Klammern: Helmut-Peter Etzkorn [*9*]. – Andreas Lechtape [*12*]. – Anni Borgas [*14*]. – Matthias Ahlke [*15*]. – Landesarchiv NRW, Abt. Westfalen: Studienfonds Münster, Stift Überwasser, Münster, Urkunden, Nr. 1 [*19*]. – Privatbesitz: Chromolithographien von Hüffer, Schütte & Comp., Lithogr. u. typogr. Kunstdruckerei, Münster, 1885 [*23*]. – Privatbesitz: Matthäus Merian, Münster. Ansicht aus der Vogelschau, aus: Topographia Westphaliae, Frankfurt 1647 [*24*]. – Universitätsbibliothek Münster: Breviarium Monasteriense/jussu reverendissimi et illustrissimi domini Caspari Maximiliani Episcopi Monasteriensis (Ausschnitt), Münster 1830 [*26*]. – Verein der Kaufmannschaft zu Münster von 1835: Gemälde von Fritz Grotemeyer 1935/36 [*28*]. – Privatbesitz: Johann Poppel, Rathaus, Stahlstich nach Johann Friedrich Lange, 1849 [*31*]. – Stadtmuseum Münster (StM): Kupferstich von Christoph van Sichem, um 1605/06 [*38, links*]. – StM: Jan van Leiden, Kupferstich von Frederik de Wit nach Heinrich Aldegrever, um 1600 [*38, rechts*]. – Verlag Aschendorff: Kupferstich von Hieronymus Strübel, aus: Geschichte der Wiedertäufer zu Münster in Westfalen. Aus einer lateinischen Handschrift des Hermann von Kerssenbroick, Münster 1771 [*43*]. – Paul Schwering [*44*]. – Privatbesitz: Kupferstich von Pieter de Jode nach einem Gemälde von Anselm van Hulle, um 1648 [*51*]. – Stadtarchiv Münster (StA): Der Friedensschwur zu Münster im Jahre 1648, Kupferstich von Jonas Suyderhoef nach dem Gemälde „Beschwörung des Spanisch-Niederländischen Friedens im Rathaus zu Münster“ von Gerard Ter Borch [*53*]. – StA: Friedensreiter, Nachdruck eines Flugblatts des Germanischen Nationalmuseums, 1648 [*55*]. – Privatbesitz: Christoph Bernard von Galen, Kupferstich von Christian Hagen, Amsterdam 1675 [*57*]. – Privatbesitz: Caspar Merian, Belagerung Münsters 1657, aus: Matthäus Merian Erben, Theatrum Europeum, Bd. 8, Frankfurt a. M., 1667 [*58, 59*]. – StM: Clemens August von Bayern (1700–1761), Gemälde aus dem Umkreis von George Desmarées, um 1732/40, unsigniert u. undatiert [*61*]. – Privatbesitz: Chromolithographien von Hüffer, Schütte & Comp., Münster 1885 [*63*]. – Generalvikariat Münster: „Familia sacra“, Gemälde von Theobald v. Oer, 1864 [*66*]. – Privatbesitz: Jacques Christophe Savin, Münster vom Aegidii-Wall, Ansicht der Stadt von Südosten, Kupferstich nach 1815 [*70*]. – Landesarchiv NRW, Abt. Westfalen: Ludwig Freiherr von Vincke, Gemälde von Friedrich Boser, 1840,Kopie um 1930 [*71*]. – Privatbesitz: Chromolithographien von Hüffer, Schütte & Comp., Münster 1885 [*73*]. – Privatbesitz: Chromolithographien von Hüffer, Schütte & Comp., Münster 1885 [*75*]. – Privatbesitz: Chromolithographien von Hüffer, Schütte & Comp., Münster 1885 [*78*]. – StA, Fotografie von Friedrich Hundt, 1864 [*80*]. – Privatbesitz [*93*]. – Privatbesitz: Chromolithographien von Hüffer, Schütte & Comp., Münster 1885 [*96*]. – StA [*97*]. – StA [*98, 99*]. – Privatbesitz [*100, 101*]. – StA [*105*].

– StA [*113*]. – StA [*117*]. – StA [*125*]. – StA [*127*]. – Privatbesitz [*131*]. – StA [*136*]. – StA [*139*]. – StA [*141*]. – StM [*143*]. – StA [*146*]. – Imperial War Museum, London [*147*]. – StA [*149*]. – StA [*150*]. – StM [*152*]. – StM [*153*]. – StA [*155*]. – Westfälische Nachrichten [*160, links*]. – Westfälische Nachrichten [*160, rechts*]. – Westfälische Nachrichten [*161, links*]. – Westfälische Nachrichten [*161, rechts*]. – Privatbesitz [*163*]. – Privatbesitz [*165, links u. rechts*]. – Privatbesitz [*166*]. – StA [*167*]. – StM [*169*]. – Privatbesitz [*171*]. – Privatbesitz [*172*]. – Privatbesitz [*173*]. – Rudolf Krause [*178*]. – Rudolf Krause [*183*]. – Rudolf Krause [*184*]. – StM [*185*]. – Rudolf Krause [*186*]. – Oliver Werner [*187*]. – Oliver Werner [*188*]. – Rudolf Krause [*190*]. – Allwetterzoo Münster [*193*]. – Rudolf Krause [*194*]. – Rudolf Krause [*195*]. – Sparkasse Münsterland Ost [*199*]. – Silke Haunfelder [*200*]. – Matthias Ahlke [*202*]. – StM [*204*]. – Matthias Ahlke [*205*].